이재무의 시 읽기

사람들 사이에 꽃이 핀다면

이재무

선집에 부쳐

 자본의 위력은 실로 막강하다. 자본은 그에게 적대적인 것들조차 상품으로 만들어 파는 무소불위의 힘을 발휘한다. 마르크스나 체 게바라조차도 상품이 되어 저잣거리에서 팔리고 있는 현실을 보라. 자본의 파시즘 앞에서는 신성한 종교조차도 타락하는 경우가 없지 않다. 이념이 사라진 시대에 들어앉은 거만한 자본의 가공할 폭력이 전 지구를 들끓게 하고 있다. 국가·지역·단체·계급·개인 간의 갈등의 배후에는 어김없이 자본이라는 흉물이 자리하고 있는 게 사실이다. 이러한 자본의 시대에 시가 읽히지 않는 것은 당연하다. 누가 돈이 되지도 않을 뿐더러 오히려 돈 버는 데 장애가 되는 시에 관심과 애정을 보이겠는가.
 하지만 이러한 전일적 자본의 논리가 세계를 지배·관철하는 시대에도 비록 예외적 소수일망정 아직도 시를 읽고 쓰는 시대의 지진아들이 있다.

한 편의 시가 인간의 타락한 영혼을 구원할 수 있는 힘이 있다고 믿는 순진한 사람은 많지 않다. 그러나 숲을 빠져나온 청량한 바람이 속진에 찌든 우리의 몸과 마음을 맑게 하듯이 서늘하고도 투명한 시의 바람 혹은 잔잔한 시의 물결이 나날의 곤고한 일상을 잠시나마 위무할 수 있다면 그것으로 충분히 족하지 않겠는가.

성경의 말씀처럼 사람은 빵만으로 살 수 있는 존재가 아니다. 비록 우리가 출구 없는 자본의 거대한 감옥에서 수인처럼 강제된 삶을 살아갈망정 그 안에서 최소한의 인간적 도리와 품위와 자존을 잃지 않기 위해서는 돈 되지 않으나 순정한 것임에 분명한 것에도 더러 관심의 촉수를 뻗을 줄 알아야 할 것이다. 그 가운데 하나가 시 읽기라고 감히 나는 말해 본다.

이 책에 실린 시편들은 지난 6월부터 8월까지 《중앙일보》'시가 있는 아침'에 선자에 의해 소개된 것들로서 읽는 이로 하여금 우리에게 생활 속 발견의 미학과 생각의 계기를 부여하기에 충분하다고 생각한다. 아무쪼록 이 시편들이 시난고난 힘부쳐 살아가는 독자 제위에게 심심한 격려와 위로가 되길 바란다.

시인 이재무

| 차례 |

- 008 　점묘 — 박용래
- 010 　여름날 — 신경림
- 012 　병원 — 김지하
- 016 　휴대폰 2 — 오세영
- 018 　외가집 — 백석
- 020 　연애 — 고은
- 022 　그 불빛 — 김신용
- 026 　전야 — 김영현
- 028 　어떤 출토出土 — 나희덕
- 030 　생밤 까 주는 사람 — 박라연
- 032 　섬 — 노창선
- 034 　사람들 사이에 꽃이 필 때 — 최두석
- 036 　수묵산수 — 김선태
- 040 　문상 — 정진규
- 042 　소주병 — 공광규
- 044 　뒤편 — 천양희
- 046 　몸 — 나태주
- 048 　그 노인이 지은 집 — 길상호

050 　　국밥 — 이시영
052 　　봄날 — 홍신선
054 　　별들의 고향 — 김완하
056 　　빨래하는 맨드라미 — 이은봉
058 　　담쟁이 — 도종환
060 　　사랑을 놓치다 — 윤제림
062 　　비 가는 소리 — 유안진
064 　　영진설비 돈 갖다 주기 — 박철
066 　　어처구니 — 이덕규
068 　　뻘 같은 그리움 — 문태준
070 　　엄마 걱정 — 기형도
072 　　애기똥풀 — 양문규
074 　　의자 — 이정록
076 　　노숙 — 김사인
078 　　시골길 또는 술통 — 송수권
080 　　수면 위에 빛들이 미끄러진다 — 채호기
082 　　계백의 아내 — 양애경
086 　　양계장에 가야 하는 날이 있었다 — 정윤천

088	북방 — 정철훈
090	당산철교 위에서 — 이승철
092	마지막 그분 — 신대철
094	소가죽북 — 손택수
096	가족사진 — 이창수
098	어린 게의 죽음 — 김광규
100	강가에서 — 김수영
104	누우 떼가 강을 건너는 법 — 복효근
106	석류 — 이가림
108	초상집 — 박영근
110	이팝나무 꽃 피었다 — 김진경
112	자동판매기 — 최승호
114	개심사 거울못 — 손정순
116	월하미인 — 이원규
118	시인의 밭에 가서 — 김화순
120	감로 — 조기조
122	아내의 종종걸음 — 고증식
124	매미 소리 — 임영조

126	주막에서 — 천상병
128	달팽이집이 있는 골목 — 고영
130	겨울 나그네 — 우대식
132	노숙일기 — 전기철
134	오래된 미래 — 이안
136	얼음 대적광전 — 주용일
138	심사心詞 — 박찬
140	주먹눈 — 전동균
142	즐거운 제사 — 박지웅
144	단단한 뼈 — 이영옥
146	벼랑 — 이재무
148	참여 시인

점묘

박용래

싸리울 밖 지는 해가 올올이 풀리고 있었다.
보리 바심 끝마당
허드렛군이 모여
허드렛불을 지르고 있었다.
푸슷푸슷 튀는 연기 속에
지는 해가 이중二重으로 풀리고 있었다.
허드레,
허드레로 우는 뻐꾸기 소리
징 소리
도리깨 꼭지에 지는 해가 또 하나 올올이 풀리고 있었다.

■ 주, 객관묘사의 절묘한 결합이 단연 주목을 끈다.
즉 지는 해가 싸리울 밖(원인)이었으므로
해가 올올이 풀렸다는 것(결과),
푸슷푸슷 튀는 연기(타작마당이니 연기도 튀었을 것이다)
속으로 지는 해였기에(원인) 이중으로 풀렸다는 것(결과),
도리깨 꼭지에 지는 해였기에(원인)
또 하나 올올이 풀렸다는 것(결과) 등이 그것이다.
또 다른 묘미로 아름다운 우리말의
능숙한 구사를 들 수 있다.
향토에 깃든 정한의 세계가 눈에 환하다.

여름날

신경림

버스에 앉아 잠시 조는 사이
소나기 한줄기 지났나 보다
차가 갑자기 분 물이 무서워
머뭇거리는 동구 앞
허연 허벅지를 내놓은 젊은 아낙
철벙대며 물을 건너고
산뜻하게 머리를 감은 버드나무가
비릿한 살냄새를 풍기고 있다

■ 소나기가 내리고 난 뒤 물이 불고, 달리는 자동차는 그 앞에서 머뭇거린다. 기계가 자연 앞에서 겸손해하는 것이다. 또 젊은 아낙이 부끄러운 줄도 모르고 '허연 허벅지'를 드러내 놓고 '철벙대며 물을 건너고' 있다. 이때의 아낙은 원시적 생명력으로 충일한 건강성의 표상이 아닐 수 없다. 도회지 여성 같았으면 어림도 없었을 것이다. 이 눈부신 생의 관능은 어지럼증을 불러온다. 이것이야말로 시의 웰빙이 아닌가.

병원

김지하

나는
병원이 좋다
조금은,

그래
조금은 어긋난 사람들,
밀려난 인생이.

아금바르게
또박거리지 않고
조금은 겁에 질린,

그래서 서글픈,
좀 모자란 인생들이 좋다.

거리며 빌딩이며
수많은 장바닥에서
목에 핏대 세우는

그 대낮에

귀퉁이에 서서
어색한 얼굴로

사랑이니
인간성이니
경우니 예절이니

떠듬거리는
떠듬거리는
오로지
생명만을 생각하는,

나는 병원이 좋다.
찌그러진 인생들이 오가는,

그래서

마음 편한,
남보다는 더 죽음에 가까운,

머지않아 끝날 그러한,
그래서
마음이 편한

아
나는 역시
'쟁이'던가

아
나는 역시
'산송장'이던가

아아
나는 역시
'움직이는 종합병원'이던가

좋다.

끝이 분명 가까우니,
오로지
생명만을 생각하느니.

■ 슬픔이 지혜를 불러온다는 서양 속담처럼 사람은 괴롭고 외로운 처지에 놓이게 될 때 비로소 자신의 생을 온전히 되돌아보게 마련인가 보다. 보름간 독감이 몸에 머물다 갔다. 살과 뼈를 물고 갉아 대는 바이러스에 시달리면서 나는 오로지 땀으로 무거워진 이불을 박차고 일어나 더운 김이 오르는 밥 한 그릇 먹는 것만을 소원하였다. 병원에 가면 "오로지/ 생명만을 생각하"는 겸손한 사람들을 만날 수 있다.

휴대폰 2
― 수용소

오세영

창조는 자유에서 오고
자유는 고독에서 오고,
고독은 비밀에서 오는 것,
사랑하고 글을 쓰고, 생각하는 일은
모두 숨어 하는 일인데
어디에도 비밀이 쉴 곳은 없다.

이제 거대한 아우슈비츠 수용소가 되었구나.
각기 주어진 번호표를 가슴에 달고
부르면 즉시
알몸으로 서야 하는 삶.

혹시 가스실에 실려 가지 않을까,
혹시 재판에 회부되지 않을까,
혹시 인터넷에 띄워지지 않을까,
네가 너의 비밀을 지키고 싶은 것처럼
아, 나도 보석 같은 나의 비밀 하나를
갖고 싶다.

사랑하다가도, 글을 쓰다가도,
벨이 울리면
지체 없이 달려가야 할 나의 수용소 번호는
016-909-3562.

■ 그녀(휴대폰)의 울음은 매번 나를 달뜨게 한다. 그러나 술집 나설 때에야 마담의 미소에 깜빡 속았다는 것을 아는 것처럼 경청 이후에야 그녀의 간절한 울음이 절박한 사정과 무관하다는 것을 알게 된다. 사랑을 증오로 갚고 떠나는 연인처럼 언젠가 그녀가 돌변하여 비루하지만 치명적인 생의 비밀 속속들이 누설할는지 모른다. 매번 자지러지게 울지만 그녀가 전해 주는 사연이란 추수 끝난 벌판의 검불 같은 것들이 태반이다.

외가집

백석

내가 언제나 무서운 외가집은
초저녁이면 안팎 마당이 그득하니 하이얀 나비수염을 물은 보득지근한 복족제비들이 씨글씨글 모여서는 쨩쨩 쨩쨩 쇳스럽게 울어 대고
밤이면 무엇이 기왓골에 무릿돌*을 던지고 뒤울안 배낡에 째듯하니 줄등을 헤여 달고 부뚜막의 큰 솥 적은 솥을 모주리 뽑아 놓고 재통(뒷간)에 간 사람의 목덜미를 그냥그냥 나려 놀려선 잿다리** 아래로 처박고
그리고 새벽녘이면 고방 시렁에 채국채국 얹어 둔 모랭이 목판 시루며 함지가 땅바닥에 넓너른히 널리는 집이다.

*무릿돌 : 무릿매로 던지는 팔매돌.
**잿다리 : 뒷간의 용변을 위해 놓은 다리.

■ 방학이 돌아오면 무슨 의무처럼 가난한 친척들을 방문하고는 하였다. 하나라도 입을 덜기 위한 어머니의 고육지책이었다는 것을 훗날에야 알았다. 버스에서 내려 지열로 달구어진 시오 리 둑방 걸어 허기진 배 쓸어안고 사립에 들어서면 외가 식구들 모두 들일 나가 누렁개가 주인 대신 꼬리 흔들며 반기던 외갓집. 나이 어린 외삼촌들과 미역 감고 서리하고 달 앞세워 걷던 밤길. 아 지금은 사라지고 없는…… 영원한 마음의 집.

연애

고은

오늘은 나 열아홉으로 돌아가
열여섯 살쯤 되는 누이와
춤지? 아냐 신나
어쩌구 저쩌구 그런 사랑 하고 싶어라
눈 내린 경인선 가고 싶어라
동문선 뒤적이다가
네놈의 양반들아 백팔운 굴레 쓰고
사랑 한번 제대로 못한 것 같으니라구
네놈들의 사천이백 시부 탁 덮어라
퉤!

■ 몸은 늙어도 마음은 늙지 않는다. 시인의 마음은 열아홉에서 성장을 멈추었다. 마음 안에 숨어 사는 홍안이여, 장하구나! 연애하는 심정으로 살아간다면 이 세상 일 어찌 즐겁고 살갑지 않겠는가. 연인 앞에만 서면 물 묻은 손으로 전선 만진 듯 찌르르 온몸에 전류가 흐르던 그날로 돌아가 연애를 살자. 몸보다 마음이 먼저 늙어 서러운 이들이여, "춥지? 아냐 신나!" 하는 밀어를 서로의 귓속에 뜨겁게 퍼부어 주며,

그 불빛

김신용

그 불빛
회현동 굴다리 밑에서 새어 나오던 그 불빛
나무판자로 얼기설기 엮은 진열대 위에 책 몇 권 올려놓고
내 늦은 귀갓길을 멈추게 하던,
흐린 진열창에 비쳐진 그 책들을 보며, 들어갈까? 말까?
호주머니 속의 그날 벌이를 가늠하며, 내 발걸음을 망설이게 하던 그 불빛
그렇게 망설이다가 지고 있던 지게를 벗어 굴다리 벽에 세워 두고
유리문을 들어서면, 졸리운 듯 앉아 뜨개질을 하고 있던 여자
언제나 내가 보고 싶던 그 달의 문예지 같은 얼굴로, 나를 맞아 주곤 했었다
그 문예지를 손에 들고, 사야 하나? 말아야 하나? 또 망설이다가
기어코 책을 사, 그날 지불해야 할 양동의 방세와 밥값 걱정 때문에 더 무거워진
등에, 다시 지게를 업고 저만큼 걸어가면
그런 내 뒷모습을 무슨 희귀 동물처럼 바라보던 그 불빛!

언젠가 호기심 어린 눈빛으로 혹시 글을 쓰세요? 작가 지망생이에요? 하고 물어 와
나를 당황하게 했던—, 그리고 그날은 눈이 내렸던가?
거리마다 송년의 불빛들로 반짝이던 그날
청계천 노점에서 막걸리 몇 잔에 얼큰해져 돌아오는 길
꼭 거쳐야 할 경유지인 것처럼 그 불빛을 찾아들어, 글만 쓰면 배가 고파진다고
하루 벌어 하루 먹고 사는 주제에 글을 써야 하느냐고—, 술주정 같은 푸념을 했을 때
그 서점의 여자는 묵은 책의 먼지를 털듯 말했었다. 쓰고 싶은 사람에게 글을 쓰게 하세요—. 라고
그 말을 듣는 순간, 내 머리 속은 하얗게 비어 왔었고 눈앞이 아득히 흐려졌었다
그 불빛,
아무리 배가 고파도 쓰고 싶은 사람에게 글을 쓰게 하라는—, 그 전언傳言.
마치 죽비처럼 내 등짝을 후려쳐, 부끄럼으로 눈 내린 밤길을 더 비틀거리게 했던—,

지금도 글을 쓰다가 문득 눈앞이 아득히 흐려질 때, 꺼내 보곤 하는
 회현동 굴다리 밑의
 그 불빛

■ 일용직 잡부로 나날의 연명에만도 힘에 부쳤을 그에게 시를 쓰게 했던 그 서점의 여자가 왜 나는 까닭도 없이 보고 싶은 것일까? 은유의 달팽이로 세상의 배춧잎을 기어오르며 살아야 했던 한국의 랭보 시인. 물컹, 슬픔의 덩어리가 마음의 손 가득 안겨 오는 그의 시편들에는 우리가 애써 지운 아픈 근대의 시간들이 들어 있다. 시인이여, 아프지 마라, 부디 더 오래 살아남아 모래알 서걱이는 시안詩眼을 자극해 다오.

전야

김영현

십일월은 덫에 걸리고 우리의 강은
어둡고 조용하게 흘러가고 있었다.
겨울 강가에 누군가 모닥불을 태우며
꽁꽁 언 강심으로 노래를 부르고 있었다.
겨울의 한가운데 타오르는 불꽃처럼
우리의 조국에도 봄은 오고 꽃도 필 테지만
우리는 간다 추운 겨울의 밤 가운데로
바닥만 뜨거운 값싼 여인숙 이 층
등사기와 담배꽁초와 소주잔 틈에서
사랑하는 친구들이 잠들어 있다.
멱살 움켜잡던 시퍼런 분노도
소주잔에 스러지던 서러운 눈물도
개나리 고개 달밤도 지나고
우리는 간다, 가슴 깊이 출정가를 부르며
돌아오지 않으리 결코
봄과 함께 아니라면 결코
사랑하는 여자여, 기다리지 말라.
돌아오지 않으리

결코 결코……

■ 출정가를 부르며 전선으로 떠나는 시적 주체들의 비장한 결의를 오늘의 젊은 세대는 제대로 실감하기 힘들 것이다. 봄과 함께가 아니라면 돌아오지 않겠다는 시적 표현은 자신들의 생을 시대의 변혁에 바치겠다는 다짐이요, 각오 외에 다른 뜻이 아니다. 오늘의 우리가 누리는 요만큼의 숨통과 자유와 실존의 영토는 그들이 치루어 낸 자기 시대에 대한 헌신과 열정이 아니었다면 미래의 시간으로 미루어졌을 것이다.

어떤 출토出土

나희덕

고추밭을 걷어 내다가
그늘에서 늙은 호박 하나를 발견했다
뜻밖의 수확을 들어 올리는데
흙 속에 처박힌 달디단 그녀의 젖을
온갖 벌레들이 오글오글 빨고 있는 게 아닌가
소신공양을 위해
타닥타닥 타고 있는 불꽃 같기도 했다
그 은밀한 의식을 훔쳐보다가
나는 말라 가는 고춧대를 덮어 주고 돌아왔다

가을갈이를 하려고 밭에 다시 가 보니
호박은 온데간데없다
불꽃도 흙 속에 잦아든 지 오래다
자세히 들여다보니
그녀는 젖을 다 비우고
잘 마른 종잇장처럼 땅에 엎드려 있는 게 아닌가
스스로의 죽음을 덮고 있는
관뚜껑을 나는 조심스럽게 들어 올렸다

한 웅큼 남아 있는 둥근 사리들!

■ 늙은 호박이 내민 젖을 오글오글 빨고 있는 벌레들이라니! 젖살 올라 통통하게 살찐 벌레들이 자신들의 터전을 쟁쟁쟁 뜨겁게 달구지 않았다면 여름은 빈한을 면치 못하였으리. 여름이 가난한데 어찌 가을인들 식탁이 풍요롭겠는가. 벌레들 호박을 양식으로 삼지 않았다면 그녀의 종족은 아주 멸했을 수도 있었다는 것을 주목할 것. 방치된 젖이 썩어 씨마저 썩지 말란 법 없지 않으니 말이다. 이를 두고 상생相生이라 하던가.

생밤 까 주는 사람

박라연

이 사람아
산 채로 껍질을 벗겨 내고
속살을 한 번 더 벗겨 내고
그리고 새하얀 알몸으로 자네에게 가네
이 사람아
세상이 나를 제아무리 깊게 벗겨 놓아도
결코 쪽밤은 아니라네
그곳에서 돌아온 나는
깜깜 어둠 속에서도 알밤인 나는
자네 입술에서 다시 한번
밤꽃 시절에 흐르던 눈물이 될 것이네

■ 밤은 물에 불려 까는 게 좋다. 대추나무 연 걸리듯 자주 돌아오던 제삿날 밤 생밤 까는 몫은 언제나 내 차지였다. 생밤을 까다 보면 마음이 한곳에 가지런히 모아지고 맑아진다. "새하얀 알몸"이 되어 저를 삼키는 "입술에서 다시 한번/ 밤꽃 시절에 흐르던 눈물이" 되겠다는 저 지순하고 절절한 사랑 앞에서 누군들 숙연하지 않을 수 있겠는가.

섬

노창선

우리는 섬이 되어 기다린다 어둠 속에서
오고 가는 이 없는 끝없이 열린 바다
문득 물결 끝에 떠올랐다 사라지는
그러나 넋의 둘레만을 돌다가 스러지는
불빛, 불빛, 불빛, 불빛

외로움이 진해지면
우리들은 저마다의 가슴 깊이 내려가
지난날의 따스한 입맞춤과 눈물과
어느덧 어깨까지 덮쳐 오던 폭풍과
어지러움 그리고 다가온 이별을 기억한다

천만 겁의 일월日月이 흐르고
거센 물결의 뒤채임과 밤이 또 지나면
우리들은 어떤 얼굴로 만날까

내가 이룬 섬의 그 어느 언저리에서
비둘기 한 마리 밤바다로 떠나가지만

그대 어느 곳에 또한 섬을 이루고 있는지
어린 새의 그 날개짓으로
이 내 가슴속 까만 가뭄을
그대에게 전해 줄 수 있는지

■ 기술과 자본이 지배하는 오늘의 시대는 현대인을 무한 욕망과 무한 경쟁으로 내몰고 있다. 저마다 섬으로서 유폐와 단절과 고립의 생을 사는 현대인은 타자와의 진정한 교감과 소통이 부재한 불모의 현실을 가까스로 견디며 강제된 삶을 살아 내고 있다. 현대판 유목민들! 이 시는 현대인의 황폐한 내면에 자리한 근원적 고독을 노래하고 있다. 열린 만남은 진정 요원한 우리 시대의 꿈일 뿐인가!

사람들 사이에 꽃이 필 때

최두석

사람들 사이에 꽃이 필 때
무슨 꽃인들 어떠리
그 꽃이 뿜어내는 빛깔과 향내에 취해
절로 웃음 짓거나
저절로 노래하게 된다면

사람들 사이에 나비가 날 때
무슨 나비인들 어떠리
그 나비 춤추며 넘놀며 꿀을 빨 때
가슴에 맺힌 응어리
저절로 풀리게 된다면

■ 언제부터인지 우리는 서로를 믿지 않게 되었다. 제 몫의 이익만을 챙기겠다고 아우성이다. 제자가 스승을, 부모가 자식을, 아내가 남편을, 유권자가 정치인을, 죄수가 재판관을, 지역이 중앙을, 노동자가 자본가를, 미국이 북한을 신뢰하지 않는 이 지독한 불신의 시대에 시인은 꽃이 되어 피고 나비가 되어 날자고 한다. 그것만이 믿음을 회복하는 길이라고……. 김수영의 선언처럼 이 모기만 한 목소리가 관계의 분단을 뚫는 날이 부디 오기를!

수묵산수

김선태

가창 오리 떼 수십만 마리가
겨울 영암호 수면을 박차고
새까만 점들로 날아올라선
한바탕 군무를 즐기시는가
싶더니

가만,
저희들끼리 붓이 되어
거대한 몸 붓이 되어
저무는 하늘을 배경으로
뭔가를 그리고 있는 것 아니신가
정중동의 느린 필치로 한 점
수묵산수를 치는 것 아니신가.

제대로 구도를 잡으려는지
그렸다간 지우고를 반복하다
일군一郡의 세필細筆로 음영까지를 더하자
듬직하고 잘생긴 산山 하나

이윽고 완성되는가
싶더니

아서라, 화룡점정!
기다렸다는 듯 보름달이
능선 위로 떠올라
환하게 낙관을 찍는 것이 아니신가.

보시게나,
가창 오리 떼의 군무가 이룩한
자연산 걸작
고즈넉한 남도의 수묵산수 한 점은
그렇게 태어나는 것이다.

■ 저 아름다운 수묵의 조화를 보라! 저거야말로 자연의 장엄이 아닌가. 수십만 마리가 수면을 박차고 올라 새까만 점으로 군무를 즐기는 동안 누구 하나 부딪쳐 다치지 않는다. 한 마리 한 마리가 모여 붓이 되어 산수를 치는 장관이라니! 사이가 만든 조화이자 장엄이다. 개인과 사회의 관계도 모름지기 이러해야지 않을까. 관계의 미학이란 사이의 미학이기도 하다. 사이가 무화될 때 관계는 때로 서로가 서로에게 억압일 수 있으니 말이다.

문상

정진규

　지상地上 가득한 죽음 지나 모든 물고기들이 먼저 문상問喪을 와 있었다 설악산 열목어도 와서 있었다 나 죄가 많다 문상만은 할 수 있도록 자리를 비켜 주었다 안면이 있는 버들치 각시붕어 등 몇몇이 나를 알아보는 것이 다행이었다 나는 민물고기를 먹지 못한다 어머니의 내 태몽이 한 마리 잉어였다 그걸 그들이 알고 있었다 다행이었다

■ 시인의 전언에 의하면 이 시는 민물고기 박사 최기철 옹이 92세(2002년 10월 22일)로 민물고기 인생을 끝냈을 때 그를 기리기 위해 쓴 것이다. 평생을 물고기 연구에 전념하신 분답게 그를 문상하러 온 분들의 면면이 예사롭지 않다. 설악산 열목어를 비롯 버들치, 각시붕어 등속이 눈에 띈다. 모두가 일급수에만 사는 물고기들이다. 나같이 급수에도 들지 못하는 죄 많은 중생은 마음이 있어도 가지 못한다. 하지만 먼저 온 문상객들이 시인을 알아보고 문상만은 허락한 것을 보면 그래도 시인은 급수 안에서 노는 청정 물고기가 아닌가.

소주병

공광규

술병은 잔에다
자기를 계속 따라 주면서
속을 비워 간다

빈 병은 아무렇게나 버려져
길거리나
쓰레기장에서 굴러다닌다

바람이 세게 불던 밤 나는
문밖에서
아버지가 흐느끼는 소리를 들었다

나가 보니
마루 끝에 쪼그려 앉은
빈 소주병이었다.

■ 불을 품은 푸른 몸의 사내(소주병)가 있다. 그를 마시고 사람들은 피가 뜨거워지는 경험을 했을 것이다. 하지만 불을 누군가가 다 소비했을 때 그는 비참하게 버려졌다. 바람이 세게 불던 밤 시인은 마루 끝에 쪼그려 앉은 빈 소주병에서 아버지의 흐느낌을 듣는다. 그도 어느새 잔(자식)에다 자기를 따라 주면서 속을 비워 가는 아버지가 된 것이다.

뒤편

천양희

성당의 종소리 끝없이 울려 퍼진다
저 소리 뒤편에는
무수한 기도문이 박혀 있을 것이다

백화점 마네킹 앞모습이 화려하다
저 모습 뒤편에는
무수한 시침이 꽂혀 있을 것이다

뒤편이 없다면 생의 곡선도 없을 것이다

■ 종소리 뒤편의 기도문, 화려한 마네킹 뒤편의 시침을 보는 시인의 시선이 날카롭다. 현상 너머의 이면적 진실은 우리를 아프게 한다. 이미지와 실체가 언제나 일치하는 것은 아니다. 오랜 침묵 우려낸 종소리가 울려 퍼진다. 공중에 파문을 내면서 꽃을 만나면 웃음을, 풀과 나무를 만나면 푸름을, 언덕을 만나면 굴렁쇠가 되는, 환하고 푸르고 둥근 종소리. 그러나 뒤편에는 누군가의 간절한 기구가 있다는 것을 잊지 말자.

몸

나태주

아침저녁 맑은 물로
깨끗하게 닦아 주고
매만져 준다
당분간은 내가 신세 지며
살아야 할 사글셋방
밤이면 침대에 반듯이 눕혀
재워도 주고
낮이면 그럴듯한 옷으로
치장해 주기도 하고
더러는 병원이나 술집에도
데리고 다닌다
처음에는 내 집인 줄 알았지
살다 보니 그만 전셋집으로 바뀌더니
전셋돈이 자꾸만 오르는 거야
견디다 못해 전세 돈 빼어
이제는 사글세로 사는 신세가 되었지
모아 둔 돈은 줄어들고
방세는 점점 오르고

그러나 어쩌겠나
당분간은 내가 신세 져야 할
나의 집
아침저녁 맑은 물로 깨끗하게
씻어 주고 닦아 준다.

■ 사글세의 설움을 안다면 아직은 내 몸이 집이고 전세일 때 아끼고 섬길 일이다. 흙에서 멀어진 연장에 녹이 슬듯 몸을 부리지 않은 사유가 반짝일 수 없다. 하지만 남용하지 말기 바란다. 몸은 빛나는 정신의 저수지. 마르지 않도록 해야 한다.

그 노인이 지은 집

길상호

그는 황량했던 마음을 다져 그 속에 집을 짓기 시작했다
먼저 집 크기에 맞춰 단단한 바탕의 주춧돌 심고
세월에 알맞은 나이테의 소나무 기둥을 세웠다
기둥과 기둥 사이엔 휘파람으로 울던 가지들 엮어 채우고
붉게 마르면서 갈라진 틈새마다 스스스, 풀벌레 소리
곱게 대패질한 참나무로 마루를 깔고도 그 소리 그치지 않아
잠시 앉아서 쉴 때 바람은 나무의 결을 따라 불어 가고
이마에 땀을 닦으며 이제 그는 지붕으로 올라갔다
비 올 때마다 빗소리 듣고자 양철 지붕 떠올렸다가
늙으면 찾아갈 길 꿈길뿐인데 밤마다 그 길 젖을 것 같아
새가 뜨지 않도록 촘촘히 기왓장을 올렸다
그렇게 지붕이 완성되자 그 집, 집다운 모습이 드러나고
그는 이제 사람과 바람의 출입구마다 준비해 둔 문을 달았다
가로 세로의 문살이 슬픔과 기쁨의 지점에서 만나 틀을 이루고
하얀 창호지가 팽팽하게 서로를 당기고 있는,
불 켜질 때마다 다시 피어나라고 봉숭아 마른 꽃잎도 넣어 둔
문까지 달고 그는 집 한 바퀴를 둘러보았다

못 없이 흙과 나무, 세월이 맞물려 지어진 집이었기에
망치를 들고 구석구석 아귀를 맞춰 나갔다
토닥토닥 망치 소리가 맥박처럼 온 집에 박혀 들었다
소리가 닿는 곳마다 숨소리로 그 집 다시 살아나
하얗게 바랜 노인 그 안으로 편안히 들어서는 것이 보였다

■ 집이란 무엇인가. 물리적 거처일 뿐인가. 본래 집이란 아늑한 휴식의 공간이자, 생의 흔적과 시간의 숨결이 밴 아우라의 처소인 것을. 그러나 지금 우리가 거처하고 있는 집은 어떠한가. 환금성의 가치로 전락하고 말았지 않은가. 자연 사물과 인간이 동체로 더불어 사는 동안 두껍게 추억이 쌓이는, 살아 숨 쉬는 집이 그립다.

국밥

이시영

　어린 상주 시절, 어머니 돌아가시어 아직 안방 병풍 뒤에 말없이 누워 계시는데 어찌 그리 배가 고프던지 이두박근 상두꾼들처럼 추운 봉당에 내려앉아 "앗 추위! 앗 추위!" 해 가며 털이 숭숭 돋은 비계를 시래깃국에 듬뿍 넣고 끓인 얼큰한 돼지고기 국밥 말이를 게 눈 감추듯 한 투가리 뚝딱 해치우고 싶었다

■ 국밥은 역시 추운 겨울에 더 잘 어울리는 음식이다. 국밥이란 무슨 격식 갖춰 먹는 음식이 아니다. 말 그대로 국에 밥 말아 먹는 것으로 따로 반찬이 크게 필요 없어 서민들이 즐겨 먹는 간편한 음식인 것이다. 내 경우 고인께는 매번 죄스럽고 면목 없는 일이었으나 초상집 가서 얻어먹는 국밥이 유독 진하고 얼큰하고 간도 맞아 입에 달았다. 추운 겨울 주린 배 달래느라 애썼을 상주를 떠올려 본다. 저 어린 상주를 시 밖으로 불러내어 실컷 국밥 먹이고 싶다.

봄날

홍신선

암나사의 터진 밑구멍 속으로
한 입씩 옴찔옴찔 무는 탱탱한 질 속으로
빈틈없이 삽입해 들어간
수나사의
성난 살 한 토막

폐품이 된 이앙기에서 쏟아져 나온
나사 한 쌍
외설한 채위 들킨 채 날흙 속에서 그대로 하고 있다
둘레에는
정액 쏟듯 흘린
제비꽃 몇 방울

■ 봄은 충동의 계절이다. 살아 있는 것들의 일탈을 부추긴다. 그뿐이랴. 나사까지 봄의 생동하는 기운을 못 이겨 춘정을 불태우고 있지 않은가. 제비꽃은 더욱 요염하게 행인의 눈길을 빨아들일 것이다. 시인 김지하에 의하면 유기물이든 무기물이든 우주 안의 모든 존재는 자기 조직의 완결성을 향한 생명 운동을 지속한다고 한다. 다만 그들 각자에게는 진화 속도의 차이만이 존재할 뿐이라는 것이다. 나사 또한 예외가 아닐 것이다.

별들의 고향

김완하

어머니는 집 가까운 콩밭에 김을 매시고 저녁이 되어서야 호미와 고무신을 들고 돌아오셨지요. 우물가 빨랫돌 위에 고무신을 닦아 놓으시고, 하루의 피로를 씻으시던 저녁, 땅거미가 내릴수록 더욱 희게 빛을 발하던 어머니의 고무신. 어머니의 땀 밴 하루가 곱게 저물면 이제 막, 우물 안에는 솔방울만 한 별들이 쏟아지고 갓 피어난 봉숭아도 살포시 꽃잎을 사리는 것이었지요

■ 유년의 고향 마을에 우물이 있었다. 옆에는 수령을 알 수 없는 팽나무가 있었다. 엄마들과 당숙모들, 고모들과 누이들은 쌀을 씻고 나물을 다듬고 빨래하고 여름이면 밤도와 목욕을 했다. 팽나무 가지에 미리 올라 앉아 그걸 몰래 훔쳐보다 들켜 볼기짝을 맞기도 했다. 팽나무 그늘은 두껍고 실해서 부은 발등들이 오래 머물다 갔다. 이제 나무는 쓰러지셨고, 우물은 메워지셨다. 죽음 앞둔 노인 같은 마을이 안쓰럽다.

빨래하는 맨드라미

이은봉

담벼락 밑 수돗가에 앉아
맨드라미, 옷가지 빨고 있다 지난여름
태풍 매미에 허리 꺾인 어머니,
반쯤 구부러진 몸으로
여우비 맞고 있다 도무지 세상 물정
모르는 이 집 장남,
그러려니 떠받들고 살아온
맨드라미, 텃밭이라도 매는 듯한 자세로
시든 살갗, 쪼그라든 젖가슴,
얼굴 가득 검버섯 피워 올리고 있다
톡톡 터져 오르는 큰자식의 마음,
비누질해 빨고 있다 어머니
가는 팔뚝, 깡마른 종아리,
비 젖어 후줄근해진 몸으로
이 집 장남 지저분한 아랫도리,
땅땅, 방망이 두드려 빨고 있다.

■ 가장 아름다운 손은 어떤 손일까? 칼 들면 음식이 나오고 호미 잡으면 풋것들 환하게 웃고 아픈 배 다녀가면 씻은 듯 배앓이가 낫고 비싼 물건 앞에 서면 벌벌 떨고 경우 없는 짓 앞에서는 벌컥 화를 내다가도 하얀 손 만나면 부끄러워 저도 모르게 등 뒤로 감추는 두껍고 큰 손. 바로 어머니의 손 아닌가. 하지만 어머니 안에도 여자가 살고 있다는 것을 잊지 말자. 무조건 희생만을 떠올리는 것은 얼마나 가혹한 일인가.

담쟁이

도종환

저것은 벽
어쩔 수 없는 벽이라고 우리가 느낄 때
그때
담쟁이는 말없이 그 벽을 오른다
물 한 방울 없고 씨앗 한 톨 살아남을 수 없는
저것은 절망의 벽이라고 말할 때
담쟁이는 서두르지 않고 앞으로 나아간다
한 뼘이라도 꼭 여럿이 함께 손을 잡고 올라간다
푸르게 절망을 다 덮을 때까지
바로 그 절망을 잡고 놓지 않는다
저것은 넘을 수 없는 벽이라고 고개를 떨구고 있을 때
담쟁이잎 하나는 담쟁이잎 수천 개를 이끌고
결국 그 벽을 넘는다

■ 수심 200~1,000미터의 깊은 바닷속에 사는 어류 심해어는 수심이 얕은 곳에 나오면 몸이 터져 죽는다. 그러니까 심해어는 수압이 높은 곳이 최적의 생의 조건이 되는 것이다. 담쟁이에게 벽은 생존을 위한 조건이 된다. 그 벽은 장애가 아니라 생의 문이 되는 것이다. 우리가 사는 세상 속에는 역경과 시련이 외려 삶의 동력과 활력이 되는 경우의 사람도 살고 있다. 담쟁이처럼 심해어처럼.

사랑을 놓치다

윤제림

······내 한때 곳집 도라지꽃으로
피었다 진 적이 있었는데,
그대는 번번이 먼 길을 빙 돌아 다녀서
보여 주지 못했습니다, 내 사랑!
쇠북 소리 들리는 보은군 내속리면
어느 마을이었습니다.

또한 생애엔,
낙타를 타고 장사를 나갔는데, 세상에!
그대가 옆방에 든 줄도
모르고 잤습니다.
명사산 달빛 곱던,
돈황여관에서의 일이었습니다.

■ 지명에 유의하자. 보은군 내속리와 명사산 돈황여관은 불교적 색채를 띠고 있으면서 상가 삼만 리. 몇 번이고 윤회와 전생을 통해 '그대'를 만나려 하나 번번이 어긋나고 또 만나도 서로 알아보지 못한다. 「귀촉도」의 정한이 현대적으로 계승된 이 시편 속 불운한 사랑은 전혀 칙칙하거나 어둡지 않고 외려 밝고 경쾌하기까지 하다. 그것은 세속의 그 흔한 남녀 감정을 초월한 데서 비롯된다. 평이한 어법 속에 깃든 깊은 사유가 놀랍다.

비 가는 소리

유안진

비 가는 소리에 잠 깼다
온 줄도 몰랐는데 썰물 소리처럼
다가오다 멀어지는 불협화不協和의 음정

밤비에도 못다 씻긴 희뿌연 어둠으로, 아쉬움과 섭섭함이 뒤축 끌며 따라가는 소리, 뒤돌아보는 실루엣, 수묵으로 번지는 뒷모습 가고 있는 밤비 소리, 이 밤이 새기 전에 돌아가야 하는 모양이다

가는 소리 들리니 왔던 게 틀림없지
밤비뿐이랴
젊음도 사랑도 기회도
오는 줄은 몰랐다가 갈 때 알아차리는
어느새 가는 소리 더 듣긴다
왔던 것은 가고야 말지
시절도 밤비도 사람도…… 죄다

■ 가는 소리에 더 귀가 밝은 것은 시인의 연륜 때문이리라. 젊은 날은 누구나 내게로 오는 것들만이 눈에 띄게 마련이다. 세계는 나를 중심으로 모였다 흩어진다. 하지만 나이 들면 나는 더 이상 세계의 중심이 아니고 내게로 왔던 것들도 떠나게 마련이다. 눈에 밟히는 그것들. 손가락 새로 빠져나가는 모래알처럼 그렇게 젊음도 사랑도 시절도 기회도 가고 또 가는 것이다. 부른다고 돌아오지 않는다. 물끄러미 그 뒷모습 바라볼 밖에…….

영진설비 돈 갖다 주기

박철

막힌 하수도 뚫는 노임 4만 원 들고
영진설비 다녀오라는 아내의 심부름으로 두 번이나 길을 나섰다
자전거를 타고 삼거리를 지나는데 굵은 비가 내려
럭키슈퍼 앞에 섰다가 후두둑 비를 피하다가
그대로 앉아 병맥주를 마셨다
다시 한번 자전거를 타고 영진설비에 가다가
화원 앞을 지나가다 문밖 동그마니 홀로 섰는
자스민 한 그루를 샀다
내 마음에 심은 향기 나는 나무 한 그루
마침내 영진설비 아저씨가 찾아오고
거친 몇 마디가 아내 앞에 쏟아지고
아내는 돌아서 나를 바라보았다
그냥 나는 웃었고 아내의 손을 잡고 섰는
아이의 고운 눈썹을 보았다
어느 한쪽,
아직 뚫지 못한 그 무엇이 있기에
오늘도 숲속 깊은 곳에서 쑥국새는 울고 비는 내리고

홀로 향기 잃은 나무 한 그루 문밖에 섰나
아내는 설거지를 하고 아이는 숙제를 하고
내겐 아직 멀고 먼
영진설비 돈 갖다 주기

■ 이 시에서 문밖 동그마니 홀로 서 있는 '자스민'은 시인과 동일한 인격체로 그려지고 있다. 왜 아니겠는가. 다 같이 향기를 드러내 타자의 마음을 위로하는 존재들이 아닌가. 하지만 그들의 현실은 어떠한가. 생활의 주변으로 밀려나 소외되고 버려진 존재들이 아닌가. 시인은 홀로 서 있는 자스민에서 자신의 모습을 본다. 그러니 사지 않을 도리가 없는 것이다. 막힌 하수도처럼 장애를 겪는 시인의 생활이 마음을 아프게 한다.

어처구니

이덕규

이른 봄날이었습니다
마늘밭에 덮어 놓았던 비닐을
겨울 속치마 벗기듯 확 걷어 버렸는데요
거기, 아주 예민한 숫처녀 성감대 같은
노란 마늘 싹들이
이제 막 눈을 뜨기 시작했는데요
나도 모르게 그걸 살짝 건드려 보고는
갑자기 손끝이 후끈거려서
그 옆, 어떤 싹눈이 오롯이 맺혀 있는
물방울을 두근두근 만져 보려는데요
세상에나! 맑고 깨끗해서
속이 환히 다 비치는 그 물방울이요
아 글쎄 탱탱한 알몸의 그 잡년이요
내 손가락 끝에 닿기도 전에 그냥 와락
단번에 앵겨 붙는 거였습니다
어쩝니까 벌건 대낮에 한바탕 잘 젖었다 싶었는데요
근데요, 이를 또 어쩌지요
손가락이, 손가락이 굽어지질 않습니다요

■ 공자의 말이 생각난다. 좋은 시란 '즐겁되 음탕하지 않다.' 이 시가 그렇다. 사물과 인간의 교감이 성적인, 그것도 벌건 대낮에 아주 질펀한 수준의 행위를 통해 이루어지고 있다. 절실한 현실 경험이 감동의 일반화에 이르기 위한 필요충분조건은 아닐지라도 그것의 중요한 자질과 요소라는 것은 확실하다. 농사 체험이 아니었다면 이 시는 써지기 힘들었을 것이다. 시적 주체(나)의 사물(마늘)에 대한 사랑과 정성이 지극하다.

뻘 같은 그리움

문태준

그립다는 것은 당신이 조개처럼 아주 천천히 뻘흙을 토해 내고 있다는 말

그립다는 것은 당신이 언젠가 돌로 풀을 눌러놓았다는 얘기

그 풀들이 돌을 슬쩍슬쩍 밀어 올리고 있다는 얘기

풀들이 물컹물컹하게 자라나고 있다는 얘기

■ 울림이 큰 몇 개의 단어에 집착한 적이 있다. 등대, 별, 굴렁쇠, 그리움 등속. 입 속으로 굴리면 그것만으로도 마음에 파문이 일고는 하였던 것이다. 그리움에도 유형이 있을까. 뻘 같은 그리움에는 질척거리는 혹은 물컹한 느낌이 있다. 하지만 시편 속의 그리움에는 물질성보다는 시간의 개념이 더 강하다. '뻘흙을 토해 내는 조개, 눌러놓은 돌을 슬쩍슬쩍 밀어 올리는 풀'의 서두르지 않는, 은근한 힘의 투혼! 그것이 참그리움이라고 말하고 있는 것이다.

엄마 걱정

기형도

열무 삼십 단을 이고
시장에 간 우리 엄마
안 오시네. 해는 시든 지 오래
나는 찬밥처럼 방에 담겨
아무리 천천히 숙제를 해도
엄마 안 오시네. 배춧잎 같은 발소리 타박타박
안 들리네. 어둡고 무서워
금 간 창틈으로 고요히 빗소리
빈방에 혼자 엎드려 훌쩍거리던

아주 먼 옛날
지금도 내 눈시울 뜨겁게 하는
그 시절, 내 유년의 윗목

■ 고아 공포증에 시달려 본 적이 있을 것이다. 하굣길 사립 열고 들어설 때 아무도 반기지 않는 텅 빈 집. 무겁게 고요가 쌓여 있는 그 빈집이 주던 공포! 여름날 낮잠에서 깨어났을 때 식구들 대청마루에 모여 앉아 수박 쪼개 먹으며 저희끼리 수다로 분주할 때의 까닭 모를 적의와 배신감! 어린 시적 화자는 엄마의 부재를 견디기 위해 일부러 천천히 숙제를 한다. 너무 일찍 찾아온 결핍. 무청처럼 푸른 시인은 죽고 시는 남아 우릴 울린다.

애기똥풀

양문규

산동네 돌담길 따라가다
꽃보다 먼저 사랑을 꿈꾸었으리
뒤척이는 몸 일렁일 때마다
사립문 금줄 타고 달빛에 젖었으리
옛날도 그 옛날도 그러했으리

해와 달 바뀌고 별이 바뀌었어도
노오란 꽃, 애기똥풀꽃

■ 회상의 어조에서 현실의 부재와 결핍으로서의 회한의 정조를 읽을 수 있다. 왜 안 그렇겠는가. 산동네에서 아기 울음소리가 사라진 지 오래되었다. 고은 시인은 언젠가 그의 시편에서 '굴뚝 빠져나오는 연기 보고 절하고 싶다' 하였으나 아기 울음소리 들리면 이제 그곳에 대고 절하여야 하겠다. 사립문 금줄에 달빛 젖었던 그 시절 애기똥풀은 아기 울음소리 장단에 맞춰 우쭐우쭐 흔들리며 키가 자랐을 것인데……. 하지만 적막이 거듭 울타리 치는 산동네 애기똥풀은 그저 하릴없이 옛날을 옛날을 울며 저 홀로 외로이 노랗게 피었다 지고 있을 것이다.

의자

이정록

병원에 갈 채비를 하며
어머니께서
한 소식 던지신다

허리가 아프니까
세상이 다 의자로 보여야
꽃도 열매도, 그게 다
의자에 앉아 있는 것이여

주말엔
아버지 산소 좀 다녀와라
그래도 큰애 네가
아버지한테는 좋은 의자 아녔냐

이따가 침 맞고 와서는
참외밭에 지푸라기도 깔고
호박에 똬리도 받쳐야겠다
그것들도 식군데 의자를 내줘야지

싸우지 말고 살아라
결혼하고 애 낳고 사는 게 별거냐
그늘 좋고 풍경 좋은 데다가
의자 몇 개 내놓는 거여

■ 자주 가는 보라매공원에는 군데군데 의자가 많다. 나는 거기서 땀을 들이며 의자를 다녀갔을 절망과 그리움, 기대와 허망 등속을 떠올려 본다. 생활이 어려울수록 의자들은 더욱 분주할 것이다. 의자에는 우리가 모르는 서사가 상당량 저장되어 있을 것이다. 의자는 그러므로 두꺼운 책이다. 또한 이정록 시인의 경우처럼 의자는 서로가 서로에게 사랑이고 위로다. 격려다. 모든 살아 있는 것들은 사는 동안 의자를 부른다.

노숙

김사인

헌 신문지 같은 옷가지들 벗기고
눅눅한 요 위에 너를 날것으로 뉘고 내려다본다
생기 잃고 옹이진 손과 발이며
가는 팔다리 갈비뼈 자리들이 지쳐 보이는구나
미안하다
너를 부려 먹이를 얻고
여자를 안아 집을 이루었으나
남은 것은 진땀과 악몽의 길뿐이다
또다시 낯선 땅 후미진 구석에
순한 너를 뉘었으니
어찌하랴
좋던 날도 아주 없지는 않았다만
네 노고의 헐한 삯마저 치를 길 아득하다
차라리 이대로 너를 재워 둔 채
가만히 떠날까도 싶어 네게 묻는다.
어떤가 몸이여

■ 우리는 더러 타자의 시선으로 자신의 생을 되돌아볼 때가 있다. 지금 살아 내고 있는 삶이 과연 바르고 온당한가, 하는 의문이 문득 일상 속으로 얼굴을 내밀어 올 때가 있는 것이다. 까닭 없이 시간을 낭비한다는 죄책감에 시달릴 때도 있을 것이다. 몸만이 유일한 재산이므로 천금처럼 그를 아껴야 하나 생활은 그것을 허여하지 않는다. 그러니 몸의 노고가 얼마나 심하겠는가. 오후의 생을 걸어가는 이들이여, 찬물 한 잔 뜨겁게 마시자.

시골길 또는 술통

송수권

자전거 짐받이에서 술통들이 뛰고 있다
풀 비린내가 바퀴살을 돌린다
바퀴살이 술을 튀긴다
자갈들이 한 치씩 뛰어 술통을 넘는다
술통을 넘어 풀밭에 떨어진다
시골길이 술을 마신다
비틀거린다
저 주막집까지 뛰는 술통들의 즐거움
주모가 나와 섰다
술통들이 뛰어내린다
긴 치마 속으로 들어가 죽는다

■ 유년의 신작로, 버스가 지나고 난 뒤 뽀얀 먼지 속을 달려오는 힘찬 자전거들이 있었다. 짐받이뿐만 아니라 고리를 해서 짐받이 양쪽에 술통을 매달고 더운 숨 헉헉, 몰아쉬며 페달을 밟아 대는 삼두박근의 사내들. 자갈길에 술통들이 뛰고, 통 밖 빠져나온 술을 바퀴살이 튀긴다. 술 취한 신작로가 아침부터 저녁까지 벌개진 얼굴로 비틀거리고, 그 길로 늦은 밤 술 취한 아비가 한 손에 든 간고등어를 흔들, 건들거리며 돌아오고 있었다.

수면 위에 빛들이 미끄러진다

채호기

수면 위에 빛들이 미끄러진다
사랑의 피부에 미끄러지는 사랑의 말들처럼

수련꽃 무더기 사이로
수많은 물고기들의 비늘처럼 요동치는
수없이 미끄러지는 햇빛들

어떤 애절한 심정이
저렇듯 반짝이며 미끄러지기만 할까?

영원히 만나지 않을 듯
물과 빛은 서로를 섞지 않는데,
푸른 물 위에 수련은 섬광처럼 희다

■ 프랑스 인상파 화가 모네의 '수련' 연작을 떠올리게 하는 시편이다. 언어로 그린 그림이 인상적이다. 아는 바와 같이 인상파 화가들은 빛에 따라 달라지는 자연의 인상을 그들 특유의 섬세한 감수성으로 화폭에 옮겨 담았다. 애절한 심정으로 서로 섞이지 않으면서 하나(各異不二)가 되어 반짝이는 '물'과 '빛'을 시인은 사랑의 말이라고 전하고 있다.

계백의 아내

양애경

서기 660년, 백제의 장수 계백은 황산벌 전투를 앞두고 "한 나라의 인력人力으로 당唐, 라羅의 대병大兵을 당하니, 나라의 존망을 알 수 없다. 내 처자가 잡혀 노비가 될지도 모르니, 살아서 욕을 보는 것보다 죽는 게 낫다"라 하고 처자를 다 죽이고 황산들에 나와 세 곳에 진병을 베풀었다. 4차례의 격전 끝에 힘이 다하여 죽었다.

계백은 전투에 나가기 전, 아내와 자식들을 자신의 칼로 베어 죽였다. 절망적인 싸움이었기 때문에 그는 패배를 미리 준비해야 했는가? 사랑하기 때문이었을까? 적의 손에 잡혀 무참히 다루어지고 모욕당할 것을 염려한 것일까? 그래서 안락사가 필요했을까? 칼로 베어 죽이는 것은 안락사라고는 할 수 없다. 아내와 자식들은 남편이자 아버지가 칼로 자신을 동강 내는 것이 적의 손에 죽는 것보다 훨씬 무섭지 않다고 생각하고 순응했을까? 혹은 계백은 필사적으로 싸우기 위한 추진력을 얻기 위해 그런 결단을 내렸던 건 아닐까?

당신과
당신의 아내인 저와

당신의 아이들
우리들이 얼굴을 마주 보는 것도 오늘뿐
내일이란 없겠지요
적군이란 피의 값으로
여자와 살육과 제물을
원하는 것이라죠 그래서 당신은
당신 숨 끊기시고 난 이후의
우리의 운명을 걱정하신 건가요?
벌린 제 옷깃 안에
오도도 떨고 있는 아이들을 보세요
어쩌다 사람 손아귀에 든 작은 새처럼 쿵쿵 울리는
그 아이들의 심장 뛰는 소리를 느끼시지요
당신은 검을 빼어 드시는군요
목이 떨어진 후 얼마까지 서로를 바라볼 수 있는 걸까요
아니면 눈이 금방 흐려질까요?
여보 아이들의 눈을 가려 주세요
아니면 제 치마끈을 떼어 드릴 테니
그것으로 목을 얽으시면 어떻겠어요?
칼날에 동강 나는 것은 너무나 무서워요

패장의 가솔은 노비가 된다지만
노비로라도 살아가다 보면
자식, 자식, 그 자식의 때라도
다시 사람답게 살 수 있지 않을까요?
여보 죽는 게 꼭 용기 있는 걸까요?
나라 위해 죽는다지만
그 나랏님은 나라가 진흙 속에서 피 흘리고 있을 적에
아첨하는 사람들에 둘러싸여
쾌락에 빠져 있지 않았나요
여보 그러니 여보
우리 죽지 말고 살도록 해요
그게 안 된다면 여보
저와 아이들이라도 살려 주세요 여보 살려 주세……!

잘려져 나간 제 목에 붙은 눈이
잘려져 나간 아이들의 목에 붙은 눈과
마주쳐요 아이들의 눈은 휘둥그레졌어요 믿어지지 않……
아……

1950년대의 서울, 식솔 벌어 먹이기가 벅찼던 가장이 방에서 목을 맸다. 아이들 엄마는 그 비겁한 가장의 시체를 두들겨 팼다. 1990년대의 서울, 가출한 아내에 대해 분노한 가장은 아이를 데리고 다리에 나가 강물에 떠밀어 던졌다. 다리에 대롱대롱 매달려 죽지 않겠다고 빌던 아이는, 경찰이 아버지를 끌고 가자, 아버지가 빨리 집으로 돌아오게 해 달라고 애원했다.

■ 일가족 집단 자살이라는 우울한 기사가 심심찮게 신문의 사회면을 장식한다. 저승길에 아이들과 아내를 데리고 가는 것이 과연 가장으로서 온당한 행위일까? 그 절박한 사정이야 모르는 바 아니지만 극단의 선택 앞에서 분노를 넘어 착잡한 심경 가눌 수 없다. 가족을 죽이고 결사 항전으로 장렬하게 전사한 계백은 추앙받아 마땅한 인물일까? 국가와 가문의 이름으로 개인의 살 권리를 억압하는 일이야말로 광기요 야만이 아닐 수 없다. 계백의 후예들이여, 둥지 안의 잠든 새처럼 새근거리는 아이들의 숨소리를 들어 다오!

양계장에 가야 하는 날이 있었다

정윤천

초草집들이 끝나는 마을 저편의 그 집. 지붕이 높았던 양洋개와 집에는 내 또래의 가시내가 하나 살고 있었다. 내 성장통은 늘 인후부로부터 기척이 비쳤고, 어쩌다 마음의 현絃이라도 가뭇이 울렸던 날에는 한 사흘 심하게 편도염을 앓았다. 언제부턴가 나는 양계장에 가야 하는 날이 싫어졌다. 빨랫줄로 늘어선 성한 여름의 햇살 아래, 그 아이가 입었음직한 보랏빛 속옷 밑을 흡사 죄 짓는 마음처럼 지나칠 때면, 자글거리던 매미 울음소리의 푸른 감청監聽 너머로는, 어쩐지 또 아카시아 하얀 꽃송이들이 자꾸만 피어오르기도 했었다.

■ 밭고랑 빠져나온 감자알 같은 소년은 이웃 마을에 사는 '숙'이라는 이름의 감꽃처럼 풋풋한 여자아이를 좋아했다. 그 애가 나타나면 멀리서도 마구 뛰는 동계를 진정할 수가 없었다. 소년에게 여자아이는 세계의 전부였다. 모든 사물은 그 애를 통해서만 의미가 있고 가치가 있었다. 산간 마을에 내린 첫눈처럼 순백했던 영혼이여, 냇물을 건너고 언덕을 넘어오는 동안 소년은 신발의 문수 바꾸지 않아도 되는, 마음에 그을음 낀 어른이 되어 있었다.

북방

정철훈

내 처의 고향은 가지 못하는 땅
함흥하고도 성천강 물맞이 계곡
낙향하여 몇 해라도 살아 보재도
내 처의 고향은 닿지 못하는 땅
그곳은 청진으로 해삼위로 갈 수가 있어
싸구려 소주를 마시는 주막이 거기 있었다
솔개가 치운 허공에 얼어붙은 채
북으로 더 북으로 뻗치는 산맥을 염원하는 땅
단고기를 듬성 썰던 통나무 도마가 거기 있었다
등짝짐에 철 모르는 아이를 묶고
우쑤리로 나꼴스끄로 떠나갈 때
바람도 서러운 방향으로 휘돌아 치고
젊은 장인이 불알 두 쪽에
맨주먹을 흔들며 내려오던 땅
울타리 콩이 새끼를 치고
홀로 국경을 지키는 오랑캐꽃이 거기 있었다

■ '북방'은 백석, 이용악 등 불운하게 살다 간 시인들이 탯줄을 묻은 곳이다. 우리에게 아직도 금단의 땅인 함흥 청진 등의 지명은 양가적 감정 즉 뜨거운 그리움과 섬뜩한 이질감을 동시에 안겨 준다. 시인은 젊은 장인의 탈을 쓰고 그가 경험했음직한 세계를 한 폭의 사생화로 생생하게 재현시켜 놓고 있다. 가까운 미래에 시인과 더불어 장인의 처가 마을에 들러 단고기 안주로 소주를 마시고 싶다. 그날은 떡쌀 같은 눈이 펑펑 내렸으면 좋겠다.

당산철교 위에서

이승철

2만 5천 볼트의 전류를 기운차게 뿜어내며
2호선 전동차가 바람을 헤치며 돌진한다.
당산철교 밑으로 푸르딩딩한 강물이 떠가고
당인리발전소 저켠 치솟는 굴뚝 연기들이
사쿠라꽃처럼 화들짝 꿈틀거리고 있다.
나는 일순, 덜컹이다가 쓰라린 공복을 어루만졌다.
나는 지금 한 마리 낙타로
인생이라는 신기루를
무사히, 잘, 건너가고, 있는가?
옛사랑이 다만 흐릿하게라도 남아 있는 한
세상을 사는 존재의 형식을 되묻지 말아야 한다.
전동차 유리문 너머 오늘 또다시 수타국수처럼
수십 수백 가닥으로 내리쳐질
한 사내의 누르끼리한 얼굴
저리도 점잖게 미소 짓고 있다.

■ 인생의 사막을 걸어가는 한 마리 낙타가 어찌 그만의 생의 표상이겠는가. 모래로 지어진 거대 도시 속을 주어진 트랙만을 고집하는 경주마처럼 순환 반복하다가 죽어서야 한 줌 부토로 귀환할 수 있는 현대인의 불모적 생의 비극을, 시인은 비감 어린 격정의 어조로 울혈 쏟듯 토해 내고 있다. 시인들의 전언처럼 순대 속 내용물이 되어 혹은 한 개의 거대한 햄버거 속 양념처럼 지옥철에 올라탄 사람들의 운명이 한 줄에 꿴 북어처럼 보인다.

마지막 그분

신대철

7부 능선에서
개활지로 강가로 내려오던 밤

누가 누군지 알 수 없지만
앞선 순서대로 이름 떠올리며
일렬로 숨죽이며 헤쳐 가던 길

그분은 맨 끝에 매달려 왔다
질퍽거리는 갈대숲에서
몇 번 수신호를 보내도
한 발자국도 움직이지 않았다
깜깜한 어둠 속을 한동안 응시하다
군사분계선을 넘어갔다
함께 가자 위협하지도 않고
뒤돌아보지도 않았다

작전에 돌입하기 직전
손마디를 하나하나 맞추며

수고스럽지만 하다가
다시 만나겠지요 하던 그분
숨소리 짜릿짜릿하던 그 순간에
무슨 말을 하려다 그만두었을까
그게 그분의 마지막 말일 수도 있는데
나는 왜 가만히 듣고만 있었을까

창 흔들리다 어두워지고
천장에 달라붙은
천둥 번개 물러가지 않는다

■ 영화 《실미도》는 오랜 세월 강요된 침묵 속에 가려졌던 북파 공작원의 어두운 실상을 적나라하게 충격적으로 증언하였다. 영화를 보는 내내 슬픔의 알갱이가 가슴 안에 고여 뭉치는 고약한 느낌에 시달려야 했다. 바닥에 침전된 부토물이 떠오르듯 분단 체제가 낳은 비극과 치부의 정체가 하나하나 밝혀지던 순간의 경악을 잊을 수 없다. '그분'과의 기막힌 작별 이후 살아남은 자의 슬픔을 시인은 온전히 자신의 몫으로 견디고 있다.

소가죽북

손택수

소는 죽어서도 매를 맞는다
살아서 맞던 채찍 대신 북채를 맞는다
살가죽만 남아 북이 된 소의
울음소리, 맞으면 맞을수록 신명을 더한다

노름꾼 아버지의 발길질 아래
피할 생각도 없이 주저앉아 울던
어머니가 그랬다
병든 사내를 버리지 못하고
버드나무처럼 쥐어뜯긴
머리를 풀어 헤치고 흐느끼던 울음에도
저런 청승맞은 가락이 실려 있었다

채식주의자의 질기디질긴 습성대로
죽어서도 여물여물
살가죽에 와닿은 아픔을 되새기며
둥 둥 둥 둥 지친 북채를 끌어당긴다
끌어당겨 연신 제 몸을 친다.

■ 이질적인 두 사물 즉 '소가죽'과 '어머니'를 연결하는 유사성의 지각으로부터 이 시는 시작된다. 소처럼 가련한 존재가 또 있을까? 살아서는 인간을 위해 자신의 전 노동력을 바치고 죽어서는 부위별로 팔려 나가고, 북이 된 가죽은 매까지 맞는다. 이 땅의 남편들이여, 아내를 때리지 마라, 그들은 '소가죽북'이 아니다. 그들은 위대한 어머니가 아닌가.

가족사진

이창수

할머니를 중심으로
우리 가족은 카메라를 보고 있다
아니, 카메라가 초점에 잡히지 않는
우리 가족의 균열을
조심스레 엿보고 있다
더디게 가는 시간에 지친 형들이
이러다 차 놓친다며
아우성이다 하지만
이미 무너지기 시작한 담장처럼
잠시 후엔 누가 잡지 않아도
제풀에 지쳐 제각각 흩어져 갈 것이다
언제나 쫓기며 살아온 우리 가족
무엇이 그리 바쁘냐며
일부러 늑장을 부리시는
아버지의 그을린 얼굴 위로
플래쉬가 터진다
순간, 담장을 타고 올라온
노오란 호박꽃이

환하게 시들어 간다

■ 이산을 사는 가족들이 할머니 생신날 고향의 부름을 받고 모처럼 모여 있다. 그러나 의무를 마친 가족 구성원들은 다시 흩어질 궁리에 바쁘다. 갓 지은 밥과 같이 사랑으로 끈끈했던 연대가 아니라 파편화된 개인으로 구성된 가족의 균열이 아슬아슬하다. 제 밥벌이에 바쁜 현대판 유목민들. 새삼 생각하노니, 생활의 궁핍은 얼마나 가혹하고 야박한 것인가.

어린 게의 죽음

김광규

어미를 따라 잡힌
어린 게 한 마리

큰 게들이 새끼줄에 묶여
거품을 뿜으며 헛발질할 때
게 장수의 구럭을 빠져나와
옆으로 옆으로 아스팔트를 기어간다
개펄에서 숨바꼭질하던 어린 시절
바다의 자유는 어디 있을까
눈을 세워 사방을 두리번거리다
달려오는 군용 트럭에 깔려
길바닥에 터져 죽는다

먼지 속에 썩어 가는 어린 게의 시체
아무도 보지 않는 찬란한 빛

■ 개펄에서 숨바꼭질하며 자유를 살던 어린 게. 아직 생명의 꽃을 제대로 피워 보지도 못하고 달려오는 군용 트럭에 깔려 비명횡사한 어린 게의 죽음. 이 시편을 대하며 나는 왜 까닭도 없이 지지난해 장갑차에 치여 죽은 어린 여중생 미선, 효순이의 앳된 얼굴이 '어린 게'와 함께 겹쳐 떠오르는 것일까? 이 시는 문명의 폭력성만을 고발한 것으로 읽히지 않는다. '군용 트럭'이란 시어 때문이다.

강가에서

김수영

저이는 나보다 여유가 있다
저이는 나보다도 가난하게 보이는데
저이는 우리 집을 찾아와서 산보를 청한다
강가에 가서 돌아갈 차비만 남겨 놓고 술을 사 준다
아니 돌아갈 차비까지 다 마셨나 보다
식구가 나보다도 일곱 식구나 많다는데
일요일이면 빼지 않고 강으로 투망을 하러 나온다고 한다
그리고 반드시 4킬로 가량을 걷는다고 한다

죽은 고기처럼 혈색 없는 나를 보고
얼마 전에는 애 업은 여자하고 오입을 했다고 한다
초저녁에 두 번 새벽에 한 번
그러니 아직도 늦지 않지 않았느냐고 한다
그래도 추탕을 먹으면서 더 땀을 흘리더라만
신문지로 얼굴을 씻으면서 나보고도
산보를 하라고 자꾸 권한다

그는 나보다도 가난해 보이는데

남방샤스 밑에는 바지에 혁대도 매지 않았는데
그는 나보다도 가난해 보이고
그는 나보다도 짐이 무거워 보이는데
그는 나보다도 훨씬 늙었는데
그는 나보다도 눈이 들어갔는데
그는 나보다도 여유가 있고
그는 나에게 공포를 준다

이런 사람을 보면 세상 사람들이 다 그처럼 살고 있는 것 같다
나같이 사는 것은 나밖에 없는 것 같다
나는 이렇게도 가련한 놈 어느 사이에
자꾸 자꾸 소심해져만 간다
동요도 없이 반성도 없이
자꾸 자꾸 소인小人이 돼 간다
속俗돼 간다 속俗돼 간다
끝없이 끝없이 동요도 없이

■ 김수영은 그 누구보다 4·19 혁명의 실패를 안타까워했다. 혁명을 전후로 시의 어조가 달라진다. 혁명의 대의인 자유를 포기하지 못하면서도 그것을 위해 자신의 생을 던지지 못하고 있다는 자괴감이 그를 자조로 몰고 갔을 것이다. 혁명 실패 후 방을 바꿔 보지만 별 뾰족한 수가 생기지 않은 데다 속된 일상에 매몰되어 가는 시인의 괴로움이 위 시편을 낳았다 해도 과언은 아닐 것이다.

누우 떼가 강을 건너는 법

복효근

건기가 닥쳐오자
풀밭을 찾아 수만 마리 누우 떼가
강을 건너기 위해 강둑에 모여 섰다

강에는 굶주린 악어 떼가
누우들이 몰래 뛰어들기를 기다리고 있었다

그때 나는 화면에서 보았다
발굽으로 강둑을 차던 몇 마리 누우가
저쪽 강둑이 아닌 악어를 향해 강물에 몸을 담그는 것을

악어가 강물을 피로 물들이며
누우를 찢어 포식하는 동안
누우 떼는 강을 건넌다

누군가의 죽음에 빚진 목숨이여, 그래서
누우들은 초식의 수도승처럼 누워서 자지 않고
혀로는 거친 풀을 뜯는가

언젠가 다시 강을 건널 때
그중 몇 마리는 저쪽 강둑이 아닌
악어의 아가리 쪽으로 발을 옮길지도 모른다

■ 누우 떼가 강을 건넌다. 악어 떼가 누우들이 뛰어들기를 기다린다. 그중 몇 마리 악어의 아가리 속으로 자진하여 뛰어든다. 육신 기꺼이 제물로 바치는 것이다, 누우 떼들의 무사 도강을 위해. 살아남은 누우들, 목숨 빚졌으므로 거친 풀 뜯고 잠도 서서 잔다. 전류가 과부하에 걸릴 때 퓨즈는 스스로 목숨 끊어 화재를 미연에 방지한다. 이타적 존재들이다. 인류사에도 자기희생과 헌신으로 민족을 위기에서 건져 낸 대인들이 있었다.

석류

이가림

언제부터
이 잉걸불 같은 그리움이
텅 빈 가슴속에 이글거리기 시작했을까

지난여름 내내 앓던 몸살
더 이상 견딜 수 없구나
영혼의 가마솥에 들끓던 사랑의 힘
캄캄한 골방 안에
가둘 수 없구나

나 혼자 부둥켜안고
뒹굴고 또 뒹굴어도
자꾸만 익어 가는 어둠을
이젠 알알이 쏟아 놓아야 하리

무한히 새파란 심연의 하늘이 두려워
나는 땅을 향해 고개 숙인다

온몸을 휩싸고 도는
어지러운 층만 이기지 못해
나 스스로 껍질을 부순다

아아, 사랑하는 이여
지구가 쪼개지는 소리보다
더 아프게

내가 깨뜨리는 이 홍보석의 슬픔을
그대의 뜰에
받아 주소서

■ 여름날의 땡감이 떫지 않다면 그 감은 가을날의 홍시로 남을 수 없다. 석류가 여름 내내 뜨겁게 몸살을 앓지 않았다면 '홍보석의 슬픔'(석류알)은 '지구가 쪼개지는 소리보다/ 더 아프게' 껍질을 깨며 '그대(가을)의 뜰'에 눈부시게 쏟아지지 못하였으리라. 참고 견뎌 온 그리움이 알알이 익어 터져 환한 사랑의 열매여, 홍보석이여, 위대하도다!

초상집

박영근

상주도 잠이 들어 차일막엔 죽은 이 옛말도 들리지 않고
마늘밭 자리 비닐막 노름판만 불이 환하다

술애비 금렬이 아제는 만 원 한 장짜리 개끗발도 붙지 않는지
오늘도 흑싸리 개평꾼

묘자리에 물이 날까 지관 어른은 남몰래 걱정인데
길게 흐르던 별똥별 하나 들판 끝으로 툭 떨어진다

상여엔 두레 울력도 노래도 없구나
이백 년 묵은 당산나무가
그 텅 빈 몸통으로
간신히 잎을 피워 올리는 봄밤에

■ 초저녁 붐비던 소란이 가라앉고, 밤 깊자 마당 한구석 일렁이던 화톳불도 사그라들었다. 울다 지친 나이 어린 상주가 깜박 졸고 그것을 물끄러미 바라보는 고인의 영정. 누군가 떨어진 술을 사러 논밭 가로질러 마을을 빠져나갔다. 향불이 타오르는 탁자 밑 문상객이 놓고 간 지전 봉투가 어지러웠다. 부엉이가 상주 대신 밤을 울었다.

이팝나무 꽃 피었다

김진경

1

촛불 연기처럼 꺼져 가던 어머니

"바―압?"
마지막 눈길을 주며
또 밥 차려 주려
부스럭부스럭 윗몸을 일으키시다

마지막 밥 한 그릇
끝내 못 차려 주고 떠나는 게
서운한지
눈물 한 방울 떨어뜨리신다

2

그 눈물
툭 떨어져 뿌리에 닿았는지
이팝나무 한 그루

먼 곳에서 몸 일으키다

먼 세상에서 이켠으로
가까스로 가지 뻗어
툭
경계를 찢는지

밥알같이 하얀 꽃 가득 피었다.

■ 불현듯 옛말이 떠오른다. "내 논에 물 드는 것과 내 자식 입 속으로 밥 드는 것 보는 것처럼 보기 좋은 게 없다." 임종의 순간까지 어머니는 자식에게 밥을 차려 주려 한다. 저 도저한 맹목의 사랑 앞에서 무슨 긴말이 필요하랴. 마지막 밥 한 그릇 끝내 못 차려 주고 떠나는 어머니의 서운한 마음이 이팝나무 뿌리에 닿아 밥알 같은 하얀 꽃으로 피어났다. 밥알처럼 생긴 이팝나무 하얀 꽃에서 시인은 어머니의 진한 사랑을 떠올려 눈시울 붉히고 있다. 인간의 행·불행의 배경에는 밥을 둘러싼 이해관계가 얽혀 있으니 어찌 밥을 소홀히 다룰 수 있겠는가. "밥이 하늘이다."

자동판매기

최승호

오렌지 쥬스를 마신다는 게
커피가 쏟아지는 버튼을 눌러 버렸다
습관의 무서움이다

무서운 습관이 나를 끌고 다닌다
최면술사 같은 습관이
몽유병자 같은 나를
습관 또 습관의 안개나라로 끌고 다닌다

정신 좀 차려야지
고정관념으로 굳어 가는 머리의
자욱한 안개를 걷으며
자 차린다, 이제 나는 뜻밖의 커피를 마시며

돈만 넣으면 눈에 불을 켜고 작동하는
자동판매기를
매음부賣淫婦라 불러도 되겠다
황금黃金교회라 불러도 되겠다

이 자동판매기의 돈을 긁는 포주는 누구일까 만약
그대가 돈의 권능權能을 이미 알고 있다면
그대는 돈만 넣으면 된다
그러면 매음賣淫의 자동판매기가
한 컵의 사카린 같은 쾌락을 주고
십자가十字架를 세운 자동판매기는
신神의 오렌지 쥬스를 줄 것인가

■ '자동판매기'와 '매춘부' 사이에 유사성이 존재한다면 그것은 돈을 넣어야(주어야) 작동한다는 점일 것이다. 어찌 자동판매기와 매춘부만일까. 파시즘적인 자본 논리에 종속된 타락한 영혼은 모두 여기에 해당된다고 보아도 크게 틀리지 않을 것이다. 황금만능주의가 지배하는 현대사회의 이면은 참으로 참혹하고 참담하구나. 종교적 구원마저도 돈의 권능으로 매매되고 있다니…….

개심사 거울못

손정순

　단풍으로 겉옷 걸친 백제 코끼리 한 마리 쓸쓸히 웅크린 발치 아래 개심사 경지鏡池, 여우비 오듯 낙엽들 수수거린다 마음 주렴으로 걸러 내면 잎 다 떨군 굴참 몇 그루도 알몸으로, 거울에 제 모습 비추고 섰다 조각 연잎들 하늘 향해 펴런 손바닥 펼치자 흰 구름 그 위에 내려앉고 푸르게 걸친 정방형의 연못 속으로 우듬지 끝끝까지 아롱대며 감나무 한 그루 하늘의 환한 서 연등들 쳐다본다 나 그 등불 받쳐 들고 절반으로 허리 자른 아주 옛날의 나무다리 건너 상왕산象王山 임금 코끼리에 올라타 하늘 문 두드리고 싶다 순간 부르릉, 정적을 깨며 오토바이 탄 우체부 몇십 리 숨차게 달려온 듯 툴툴 멎으며 세상 소식 들고 막 절문으로 들어선다

■ 개심사開心寺. 마음 열려면 개심改心이 먼저 이루어져야 할 것이다. 충남 서산에 위치한 개심사는 강화도 전등사, 화순의 운주사, 해남의 미황사, 부안의 내소사 등과 함께 시인들이 즐겨 찾는 절이다. 절 주변의 풍광이 빼어날 뿐만 아니라 인공이 가미되지 않은 순수 자연을 닮은 절 모양새가 마음과 몸을 끌기 때문이다. 개심사 경지鏡池는 마음을 비추는 거울이다. 그곳에 가서 세속 잡사를 털고 죄의 영자影子를 들여다보시고 오시라.

월하미인

이원규

그믐께마다
밤마실 나가더니
저년,
애 밴 년

무서리 이부자리에
초경의 단풍잎만 지더니
차마 지아비도 밝힐 수 없는
저년,
저 만삭의 보름달

당산나무 아래
우우우 피가 도는
돌벅수 하나

■ 초승달이 점차 배가 불러 만월이 되기까지의 시간적 추이를 여인의 임신 과정에 빗대어 노래하고 있는 위 시편은 등줄기를 적시는 찬물처럼 서늘한 기운을 불어온다. 보름달 뜨면 늑대가 벼랑 위에서 운다. 그렇다면 달은 지아비 늑대의 씨를 밴 것인가. 아니면 당산나무 아래 피가 도는 돌벅수(장승)의 씨를 밴 것인가. 우리는 모두 우주의 사생아인지도 모른다고 시인은 말하고 있다.

시인의 밭에 가서

김화순

　비 오다 활짝 갠 날, 김포 대곶리 시인의 텃밭에 가서 나는 보았네. 엉덩이 까고 펑퍼짐하게 나앉은 비닐 모판 위 배추들. 하나같이 큰 손바닥만 한 잎들에 구멍 숭숭 뚫려 있었네. 제 둥근 몸 안에 벌레를 키우고 꼿꼿이 서서 가을을 당당히 걸어가는 속이 꽉 들어찬 아낙들

　그렇지, 사는 일은 빈틈없는 생활에 구멍 숭숭 내는 일이 아닌가 몰라. 벌레가 먹을 수 있어야 무공해 풋것이듯이 생활도 벌레를 허용할 수 있어야 자연산 인간일 수 있다는 생각. 그렇지, 사는 일이란 시인의 밭에 자라고 있는 배추처럼 자신의 몸이 기꺼이 누군가의 밥이 되는 일 아닌가 하는 그 푸른 기특한 생각, 들판 가득 향기처럼 번지고 있었네.

■ 농약을 먹고 자란 배추는 자신의 몸 안으로 벌레를 들일 수 없다. 제 몸 안에 벌레를 키우면서도 당당히 가을을 걸어가는 몸 푸른 배추들을 보라. 벌레에 기꺼이 자신의 몸을 밥으로 내놓는 저 눈부신 소신공양. 무공해 생명들의 이타적 행위가 이기로 가득 찬 우리들 빈틈없는 생활을 되돌아보게 한다. 배추가 벌레에 그러하였듯 우리도 누군가에게 기꺼이 푸른 밥이 되는 생활을 살아야 하지 않겠는가.

감로

조기조

　꽃대궁에 진딧물들이 다닥다닥 붙어 있습니다 발 한 짝 디딜 틈이 없어 진딧물들의 엉덩이를 밟고 개미들이 분주히 노닐고 있습니다 개미들의 발길이 느껴질 때마다 진딧물들은 연신 연둣빛 엉덩이들을 씰룩입니다 그때 무당벌레 한 마리 날아와 진딧물들을 야금야금 잡아먹습니다 이에 개미들은 부리나케 달려가 무당벌레를 물리칩니다 진딧물들은 그것을 아는지 모르는지 열심히 꽃대궁에 붙어 수액을 빨고 있습니다 그러다 이따금 씰룩이는 연둣빛 엉덩이로 배설물을 내보냅니다 개미는 그것을 감로라 부르며 달게 마시지요

■ 한여름 무성한 숲길 걷노라면 문득 섬뜩한 기운이 전신을 감싸는 느낌에 휩싸일 때가 있다. 나무에는 수성樹性만 있는 것일까. 그들에게 수성獸性은 없는 것일까. 더 넓게 영토를 차지하려고 가지와 뿌리는 매순간 소리 없는 싸움을 벌이고 있지 않은가. 모든 살아 있는 것들은 생존을 위한 치열한 전투를 치르고 있다. 식물과 곤충 또한 이 엄연한 세계의 법칙을 벗어날 수 없기는 매한가지. 그들을 수동과 피동의 존재로만 인식하는 것은 인간 우월주의의 편견일 따름이다.

아내의 종종걸음

고증식

진종일 치맛자락 날리는
그녀의 종종걸음을 보고 있노라면
집 안 가득 반짝이는 햇살들이
공짜가 아니라는 생각이 든다
푸른 몸 슬슬 물들기 시작하는
화단의 단풍나무 잎새 위로
이제 마흔 줄 그녀의
언뜻언뜻 흔들리며 가는 눈빛,
숭숭 뼛속을 훑고 가는 바람조차도
저 종종걸음에 나가떨어지는 걸 보면
방 안 가득 들어선 푸른 하늘이
절대 공짜가 아니라는 생각이 든다
제 발걸음이 햇살이고 하늘인 걸
종종거리는 그녀만 모르고 있다

■ 열매 껍질이 두꺼운 것은 그 안에 지닌 부드럽고 연한 속살을 지키기 위해서이다. 이 땅의 어머니들과 아내들이 처녀 시절과 달리 갈수록 억세고 용감해지는 것은 지켜야 할 식구가 있기 때문이다. 마흔 줄 아내가 지날 때마다 집 안 가득 햇살이 찰랑댄다. 그 어떤 생활의 추위도 아내를 이길 순 없다. 아내는 힘이 세다. 그러나 제 발걸음이 햇살이고 하늘인 걸 모르고 사는 오, 위대한 아내여, 헌신과 봉사의 어머니여,

매미 소리

임영조

아그배나무 가지 매미가 우니
포플러나무 그늘 매미도 운다
저마다 덥다 덥다 외롭다 운다
감나무 가지 매미가 악쓰면
벚나무 그늘 매미도 악쓴다
그 무슨 열 받을 일이 많은지
낮에도 울고 밤에도 운다
조용히들 내 소리나 들어라
매음매음……씨이이……십팔십팔
저 데뷔작 한 편이 대표작일까
경으로 읽자니 날라리로 읽히고
노래로 음역하면 상스럽게 들린다
선생蟬生, 단에서 그만 내려오시죠
듣거나 말거나 믿거나 말거나
저 혼자 심각해서 우는 곡비들
찜통 속 부아만 쩔쩔 끓인다
저토록 제 가슴 다 끓이고 나야
물엿처럼 졸아드는 말복 끝머리

멋쩍어 허물 벗고 잠적하는 것일까
오늘도 시집을 세 권이나 받았다
나도 짐짓 열 받은 매미가 되어
이 열 치 열…… 한여름 난다.

■ 도심지에서 듣는 매미 소리는 고역이 아닐 수 없다. 낮밤 가리지 않는 저들의 고성은 가공할 흉기라는 느낌까지 불러온다. 몽당 숟갈로 솥의 바닥을 긁어 대는 듯 바락바락 악을 써 대는 저들에게 무슨 절박한 사정이라도 있는 것일까. 매미는 발정기가 되면 소리로써 구애를 하는데, 소음이 워낙 심하다 보니 춘정을 알리기 위해서는 한 옥타브 더 높게 울어야 한다. 그들의 소리가 경으로나 노래로 들리지 않고 상스럽게 들리는 것은 결국 인간이 지어낸 것이 아니고 무엇이랴. 물론 이 시에서 '매미'는 저 혼자 심각한 시인을 빗댄 말이지만…….

주막에서
―도끼가 내 목을 찍은 그 훨씬 전에 내 안에서 죽어 간 즐거운 아기를(장쥬네)

천상병

골목에서 골목으로
저기 조그만 주막집
할머니 한 잔 더 주세요.
저녁 어스름은 가난한 시인詩人의 보람인 것을…….
흐리멍텅한 눈에 이 세상은 다만
순하디순하기 마련인가
할머니 한 잔 더 주세요.
몽롱하다는 것은 장엄莊嚴하다.
골목 어귀에서 서툰 걸음인 양
밤은 깊어 가는데
할머니 등 뒤에
고향의 뒷산이 솟고
그 산에는
철도 아닌 한겨울의 눈이 펑펑 쏟아지고 있는 것이다.
그 산 너머
쓸쓸한 성황당 꼭대기,
그 꼭대기 위에서
함박눈을 맞으며, 아기들이 놀고 있다.

아기들은 매우 즐거운 모양이다.
한없이 즐거운 모양이다.

■ 천진무구했던, 생전 시인의 모습이 환하게 떠오른다. 말린 해산물처럼 구겨진 얼굴로 저녁 어스름 주막집에 앉거나 서서 늙은 주모가 건네는 막걸리 잔을 기울이고 있는, 새처럼 영혼이 가벼웠던 시인. 흐린 막걸리 잔 속 떠오르는 유년과 고향을 그는 벌컥 마셔 댔을 것이다. 할머니 등 뒤에 솟는 고향의 뒷산이며 철도 아닌데 내리는 한겨울의 눈을 그는 몽롱한 상태에서 실컷 맛보고 있는 것이다. 그렇다. 때로 몽롱하다는 것은 장엄莊嚴하다. 너무 각박하고 야박하게 세상을 읽으며 따지지 말자.

달팽이집이 있는 골목

고영

내 귓속에는 막다른 골목이 있고,
사람 사는 세상에서 밀려난 작은 소리들이
따각따각 걸어 들어와
어둡고 찬 바닥에 몸을 누이는 슬픈 골목이 있고,

얼어 터진 배추를 녹이기 위해
제 한 몸 기꺼이 태우는
새벽 농수산물 시장의 장작불 소리가 있고,
리어카 바퀴를 붙들고 늘어지는
첫눈의 신음 소리가 있고,
좌판대 널빤지 위에서
푸른 수의를 껴입은 고등어가 토해 놓은
비릿한 파도 소리가 있고,
갈라진 손가락 끝에
잔멸치 떼를 키우는 어머니의
짜디짠 한숨 소리가 있고,
내 귓속 막다른 골목에는
소리들을 보호해 주는 작고 아름다운

달팽이집이 있고,
아주 가끔
따뜻한 기도 소리가 들어와 묵기도 하는
작지만 큰 세상이 있고,

■ 시적 주체의 귓속 공간에는 체험을 우려낸 다양하고도 생생한 소리들이 살고 있다. 그런데 그 소리들은 아주 구체적인 형상을 가지고 있다. 그것들은 모두 세상에서 밀려난 작은 소리들이다. 눈으로 익힌 언어들의 대개가 개념어들인데 반해 귀에 친근한 언어군은 체험 현장과 밀접한 감각 혹은 구체어들이다. 이 감각, 구체어들이야말로 시의 보고라 할 수 있다. 이 시는 바로 그것을 실감으로 반증해 주고 있다.

겨울 나그네

우대식

너구리 한 마리가 절뚝거리며 논길을 걸어가다,
멈칫 나를 보고 선다
내가 걷는 만큼 그도 걷는다
그 평행의 보폭 가운데 외로운 영혼의 고단한 투신이
고여 있다
어디론가 투신하려는 절대의 흔들림
해거름에 그는 일생일대의 큰 싸움을 시작하는 중이다
시골 개들은 이빨을 세우며 무리 진다
넘어서지 말아야 할 어떠한 경계가 있음을 서로 잘 알고 있다
직감이다
그가 털을 세운다
걸음을 멈추고 적들을 오랫동안 응시한다
나도 안다
지구의 한켠을 걸어가는 겨울 나그네가
어디로 갈 것인지를
나도 안다
이 싸움이 쉽게 끝나지 않으리라는 것을

■ 시적 주체는 어느 날 산책길에서 올무에 걸렸다가 풀려난 너구리를 만난다. 그는 공교롭게도 마을을 향해 걸어간다. 민가의 개들이 짖는다. 이제 곧 생사를 건 일생일대의 싸움이 벌어지리라. 그의 패배는 예정되어 있다. 시인에게도 언젠가 저같이 생사를 건 절체절명의 순간이 찾아올 것이다. 하지만 싸움을 피하지 않겠다는 시인의 의지는 단호하다. 너구리는 우리 시대의 시인의 비극적 운명을 표상한다.

노숙일기

전기철

가난한 밤은 길다.
수녀들이 지나가고
신부들이 지나가고
골판지 박스가 오고
신문지들이 오고
밤은 천천히 걷는다.
소주병들이 여기저기 흩어지며
욕설을 폭죽처럼 터뜨린다.
차곡차곡 쌓인 하루 위에 몸을 눕히면
잠 속으로 발자국이 찍히고
아직 밥을 먹지 못한 영혼이 휘파람 소리를 키운다
밤은 저 홀로 깊어 가고
잠들지 못한 이들의 신발은
발레를 하듯 절뚝인다. 눈을 감아도
잠은 달아나고 자꾸 알전구만 낳으니
숫자를 세다가 그치고
밤은 정말, 천천히 걷는다.
파도 소리를 키운 잠 속

다리를 모아 지느러미를 만드니
몸 위로 지나가는 행인들의 발자국에서
가시가 돋는다
방귀처럼 터지는 한 밤
잘라 온 옛 꿈속에 숨어도
아침은 영영 오지 않을 듯이

■ 한밤중 서울역이나 영등포역 혹은 청량리역에 나가 보면 가난한 밤을 만날 수 있다. 길고 긴 가난한 밤 속으로 수녀들과 신부들이 지나가지만 그들(노숙자들)의 영혼은 구원받지 못한다. 폭죽처럼 터지는 욕설과 여기저기 널브러진 소주병들……. 저 빈 병들은 가공할 흉기가 될 수 있고 재활용으로 요긴하게 쓰일 수도 있다. 노숙자들이야말로 누군가 마시고 버린 빈 병들이 아닌가.

오래된 미래

이안

오래된 빗소리가 잠깐 그쳤던 모양이다
담배나 한 대 빨란다구 봉당에 나와 섰으니
몇 발짝 밖
새까만 돌층계 아래서
불빛 한 점이 피어올랐다 이마부터
꼬리까지 파랗게 흘리며
지붕 위로 부웅 붕 설레었다
앞산이 바짝 무릎을 당겼다
등을 보이며 돌아서려는 참이었다
지붕에서 무엇인가
톡,
떨어지는가 싶더니
내 입술을 치고 날아올랐다
말귀를 통 못 알아먹는 입술에서
오래 묵은 색경 닦을 때 나는
녹내가 파랗게 맡아졌다

■ 웬만큼 궁벽한 시골에 들어가도 그 흔하디흔했던 반딧불이를 만나기가 쉽지 않다. 무겁게 고요가 내려 쌓이는 들판엔 반딧불이 벌이는 축제 대신 매캐한 농약 내가 불어오는 바람에 실려 쏘다니고 있다. 그동안 반딧불이는 얼마나 많은 시인들의 시심을 불러일으켰던가. 지금은 없는, 한때 입술에 의미심장한 입맞춤을 남기고 간 반딧불이를 시인은 시로써 기리고 있다.

얼음 대적광전

주용일

계곡으로 물고기 잡으러 따라나섰다가
깨진 얼음장 속에 꽁꽁 얼어 있는 물고기를 보았다
물이 서서히 얼어 오자 막다른 길목에서
물고기는 제 피와 살을 버리고
투명한 얼음 속에 화석처럼 박혔다
귀 기울여도 심장 뛰는 기척이 없다
조식調息을 하는지 숨소리도 들리지 않는다
사랑하면 사랑에 목숨을 묻기도 하듯이
물속에 살기 위해선
얼음이 되는 것 두려워 말아야 한다
이글루 짓고 들어앉은 에스키모처럼
은빛 지느러미 접고 아가미 닫고
사방 얼음벽 둘러친 무문無門의 집에서
물고기는 다시 올 봄을 아예 잊었다
얼음장이 그대로 고요한 대적광전이 되었다

■ 한여름에 이 시를 읽으니 몸과 마음이 함께 서늘해 온다. 사람은 사랑에 목숨을 묻고, 물고기는 물(얼음)속에 목숨을 묻는다. 그렇다면 시인이여, 그대는 시 속에 그대의 생을 묻는가. 비로자나불을 모신 전당(얼음)에서 동안거에 든 물고기들의 반짝이는 비늘이 눈에 환하게 떠오른다.

심사心詞

박찬

가슴에 품은 것 꺼내어 보면
어떤 건 칼이 되고 어떤 건 꽃이 되고

혼아 떠도는 혼아
가슴까지 다 타 없어진 혼아
가슴이 없으니 품을 것 없겠네
칼이 되고 꽃이 되는 가슴도 없겠네

타고 난 하얀 재밖에 없겠네

■ 칼과 꽃이 만나 다투면 누가 이길까. 칼이 꽃을 베어 내면 핏물의 상처는 아물어 다시 꽃이 피고 성난 칼이 다시 베어 내면 그 자리 다시 사랑의 꽃은 핀다. 꽃을 베다가 베다가 칼은 마침내 녹이 슬고 꽃의 대궁은 더욱 굵어져 간다. 칼도 품고 꽃도 품고 사는 가슴아, 이기는 삶을 살려거든 부디 칼보다는 더 자주 꽃을 내어놓을 일이다.

주먹눈

전동균

눈 내리는 밤. 야근을 하고 돌아온
중년의 시인이
불도 안 땐 구석방에 웅크리고 앉아
시를 쓰는 밤. CT를 찍어도 알 수 없는
정체불명의 편두통에 시달리며
그래도 첫 마음은 잊지 말자고
또박또박 백지 위에 만년필로 쓰는 밤.
어둡고 흐린 그림자들 추억처럼
지나가는 창문을 때리며
퍼붓는 주먹눈, 눈발 속에
소주병을 든 김종삼金宗三이 걸어와
불쑥, 언 손을 내민다
어 추워, 오늘 같은 밤에 무슨
빌어먹을 짓이야, 술 한잔하고
뒷산 지붕도 없는 까치집에
나뭇잎이라도 몇 장 덮어 줘, 그게 시야!

■ 시인은 모름지기 약자에 대한 관심과 배려를 아끼지 말아야 한다. 사람에 대해서뿐만 아니라 모든 생명체에 대해서도 사랑과 연민의 감정을 그 누구보다 앞서 예민하게 자신의 것으로 감각할 줄 알아야 한다. 잉크가 어는 겨울밤. 시인은 한 편의 아름다운 서정시를 쓰기 위해 또박또박, 첫 마음으로 돌아가 백지를 채워 나간다. 그러다 불현듯 작고 시인 김종삼을 떠올린다. 시를 억지로 짓지 말게나, 까치집에 나뭇잎 몇 장 덮어 주는 게 시일세, 하는 환청과 함께.

즐거운 제사

박지웅

향이 반쯤 깎이면 즐거운 제사가 시작된다
기리던 마음 모처럼 북쪽을 향해 서고
열린 시간 위에 우리들 일가—家는 선다

음력 구월 모일, 어느 땅 밑을 드나들던 바람
조금 열어 둔 문으로 아버지 들어서신다
산 것과 죽은 것이 뒤섞이면 이리 고운 향이 날까
그 향에 술잔을 돌리며 나는 또
맑은 것만큼 시린 것이 있겠는가 생각한다

어머니, 메 곁에 저분 매만지며 밀린 듯 일어나
탕을 갈아 오신다 촛불이 흰다 툭, 툭 튀기 시작한다
나는 아이들을 불러 모은다 삼색 나물처럼 붙어 다니는
아이들 말석에 세운다. 유리창에 코 박고 들어가자
있다 가자 들리는 선친의 순한 이웃들

한쪽 무릎 세우고 편히 앉아 계시나 멀리 산山도 편하다
향이 반쯤 꺾이면 우리들 제사가 시작된다

엎드려 눈 감으면 몸에 꼭 맞는 이 낮고 포근한

곁!

■ 향불 내, 유세차…… 처마 끝으로 고개 쑥 내밀고는 음복과 함께 사라지는 달. 제사를 지낸 다음 날 어머니는 내게 심부름을 시키셨다. 대추와 밤, 사과, 감, 배, 인절미와 시루떡, 조청 등속이 담긴 은 사발 가슴에 품고 연이네와 당숙네와 먼 일가뻘 은범 아저씨네로 동네 한 바퀴를 돌고 나면 두 다리 뻐근하고 바람 먹은 무처럼 등허리 시려 왔지만 마음의 풀밭엔 기쁨의 이슬이 알알이 맺혀 있었다.

단단한 뼈

이영옥

　실종된 지 일 년 만에 그는 발견되었다 죽음을 떠난 흰 뼈들은 형태를 고스란히 유지하고 무슨 소리에 귀를 기울이고 있었다 독극물이 들어 있던 빈 병에는 바람이 울었다 싸이렌을 울리며 달려온 경찰차가 사내의 유물을 에워싸고 마지막 울음과 비틀어진 웃음을 분리하지 않고 수거했다 비닐봉투 속에 들어간 증거물들은 무뇌아처럼 웃었다 접근 금지를 알리는 노란 테이프 안에는 그의 단단한 뼈들이 힘센 자석처럼 오물거리는 벌레들을 잔뜩 붙여 놓고 굳게 침묵하고 있었다

■ 이 시편은 오늘의 불행한 사회 사건을 다루고 있다. 만약 이 시가 화자 우월주의에 빠져 감정 절제 없이 대상에 대한 느낌이나 판단을 노출했다면 섣부른 감상성으로 떨어지고 말았을 것이다. 3인칭 관찰자의 시선과 입장에서 객관적 관찰 묘사 즉 극적 장면만을 현상, 제시함으로써 이 시편은 짧은 분량에도 불구하고 상당량의 서사를 내장할 수 있었다. 시에서 주체와 대상 간의 미적 거리가 얼마나 중요한 것인가를 우리는 이 시편을 통해 확인할 수 있다.

벼랑

이재무

벼랑은 번번이 파도를 놓친다
외롭고 고달픈,
저 유구한 천년만년의 고독
잡힐 듯 잡히지 않고
철썩철썩 매번 와서는 따귀나
안기고 가는 몰인정한 사랑아
희망을 놓쳐도
바보같이 바보같이 벼랑은
눈부신 고집 꺾지 않는다
마침내 시간은 그를 녹여
바다가 되게 하리라

■ 사랑은 위대하도다. 인고의 세월을 사는 벼랑을 보라! 스스로 저를 녹여 바다가 될 때까지 고집을 꺾지 않는 저 눈부신 사랑을, 그러나 나는 살지 못한다. 내 공격적 조급증을 견디지 못하고 떠나간 가난한 사랑이여, 미안하다!

참여 시인

박용래
1925년 충남 부여 출생. 1956년 『현대문학』으로 등단.
시집으로 『싸락눈』 『강아지풀』 『백발의 꽃대궁』 『먼 바다』 등.
현대시학작품상 수상. 1980년 작고.

신경림
1936년 충북 중원 출생. 1955년 『문학예술』로 등단.
시집으로 『농무』 『남한강』 『가난한 사랑 노래』 『길』 『신경림 시선집 1, 2』 등.
만해문학상, 한국문학작가상, 이산문학상, 대산문학상 수상.
현재, 동국대 석좌교수, 디지털문화예술아카데미 이사장.

김지하
1941년 전남 목포 출생. 1969년 『시인』지로 등단.
시집으로 『황토』 『타는 목마름으로』 『애린』 『화개』 등.
로터스특별상, 위대한 시인상, 이산문학상, 만해문학상, 대산문학상, 공초문학상 등 수상.

오세영

1942년 전남 영광 출생. 1968년 『현대문학』으로 등단.
시집으로 『반란하는 빛』 『가장 어두운 날 저녁에』 『모순의 흙』 『무명연시』 등.
한국시인협회상, 녹원문학상, 소월시문학상 등 수상. 〈현대시〉 동인.

백석

1912년 평북 정주 출생.
1935년 《조선일보》로 등단.
시집으로 『사슴』 『백석 시전집』 『흰 바람벽이 있어』 등. 1996년 작고.

고은

1933년 전북 군산 출생. 1958년 『현대문학』을 통해 문단에 나온 이래 시·소설·수필·평론 등 100여 권의 저서 간행.
시집으로 『피안감성』 『남과북』 『고은 시전집』 『고은 전집』, 서사시 『백두산』 『만인보』 등. 현재, 한국문학평화포럼회장·유네스코세계시아카데미 위원.

김신용

1945년 부산 출생. 1988년 『현대시사상』으로 등단.
시집으로 『버려진 사람들』 『개 같은 날들의 기록』 『몽유 속을 걷다』 『환상통』, 재발간 시집 『달은 어디에 있나 1, 2』 등.

김영현

1955년 경남 창녕 출생. 1984년 창작과비평사『14인신작소설집』과 1988년 『겨울바다』를 출간하며 등단.
주요 시집으로『겨울 바다』『남해 엽서』『그 후, 일테면 후일담』등.
한국창작문학상 수상.

나희덕

1966년 충남 논산 출생. 1989년《중앙일보》신춘문예로 등단.
시집으로『뿌리에게』『그 말이 잎을 물들였다』『어두워진다는 것』『사라진 손바닥』등. 김수영문학상, 김달진문학상, 현대문학상, 이산문학상 등 수상.
현재, 조선대 문창과 교수.

박라연

1951년 전남 보성 출생. 1990년《동아일보》신춘문예로 등단.
시집으로『서울에 사는 평강공주』『생밤 까 주는 사람』『너에게 세들어 사는 동안』등.

노창선

1953년 충북 청원 출생. 1975년『한국문학』으로 등단.
시집으로『섬』『난꽃 진자리』등.
현재, 청주과학대학 문창과 교수.

최두석

1955년 전남 담양 출생. 1980년 『심상』으로 등단.
시집으로 『대꽃』 『성에꽃』 『꽃에게 길을 묻는다』 등.
〈오월시〉 동인. 현재, 한신대 문예창작과 교수.

김선태

1960년 전남 강진 출생. 1996년 『현대문학』으로 등단.
시집으로 『간이역』 『작은 엽서』 등.
현재, 목포대학교 국문과 교수.

정진규

1939년 경기 안성 출생. 1960년 《동아일보》 신춘문예로 등단.
시집으로 『마른 수수깡의 평화』 『몸시』 『본색』 등.
한국시인협회상, 현대시학 작품상 수상. 2017년 작고.

공광규

1960년 충남 청양 출생. 1986년 『동서문학』으로 등단.
시집으로 『대학일기』 『마른잎 다시 살아나』 『지독한 불륜』 『소주병』 등.

천양희

1942년 부산 출생. 1965년 『현대문학』으로 등단.
시집으로 『마음의 수수밭』 『오래된 골목』 『너무 많은 입』 등.

소월시문학상, 현대문학상 등 수상.

나태주

1945년 충남 서천 출생. 1971년 《서울신문》 신춘문예로 등단.
시집으로 『대숲 아래서』 『막동리 소묘』 등.

길상호

1973년 충남 논산 출생. 2001년 《한국일보》 신춘문예로 등단.
시집으로 『오동나무 안에 잠들다』 등.
현대시동인상 수상.

이시영

1949년 전남 구례 출생. 1969년 《중앙일보》 신춘문예로 등단.
시집으로 『만월』 『바람 속으로』 『길은 멀다 친구여』 『조용한 푸른 하늘』 등.
정지용문학상, 동서문학상 등 수상.

홍신선

1944년 경기도 화성 출생. 1965년 『시문학』으로 등단.
시집으로 『서벽당집』 『겨울섬』 『삶 거듭 살아도』 『우리 이웃 사람들』 등.

김완하

1958년 경기도 안성 출생. 1987년 『문학사상』으로 등단.

시집으로 『길은 마을에 닿는다』 『그리움 없인 저 별 내 가슴에 닿지 못한다』,
비평집으로 『한국 현대시의 지평과 심층』 『한국 현대시와 시정신』 등.
현재, 한남대 문예창작학과 교수.

이은봉

1953년 충남 공주 출생. 1984년 창비신작시집 『마침내 시인이여』로 등단.
시집으로 『좋은 세상』 『봄 여름 가을 겨울』 『길은 당나귀를 타고』, 평론집으로 『시와 생태적 상상력』 등.
현재, 광주대 문예창작과 교수.

도종환

1954년 충북 청주 출생. 1984년 동인지 『분단시대』로 등단.
시집으로 『고두미 마을에서』 『접시꽃 당신』 『부드러운 직선』 『슬픔의 뿌리』 등.
민족예술상, 신동엽창작상 등 수상.

윤제림

1959년 충북 제천 출생. 1987년 『문예중앙』으로 등단.
시집으로 『삼천리호 자전거』 『미미의 집』 『황천반점』 『사랑을 놓치다』 등.
현재, <21세기 전망> 동인.

유안진

1941년 경북 안동 출생. 1965년 『현대문학』으로 등단.

시집으로 『달하』 『봄비 한 주머니』 『그들의 딸이여, 바람의 연인이어라』 『다보탑을 줍다』 등.
정지용문학상, 월탄문학상, 소월문학상 등 수상.

박 철
1959년 경기 김포 출생. 1987년 『창작과비평』으로 등단.
시집으로 『김포행 막차』 『너무 멀리 걸어왔다』 『영진설비 돈 갖다 주기』 『험준한 사랑』 등.

이덕규
1961년 경기 화성 출생. 1998년 『현대시학』으로 등단.
시집으로 『다국적 구름공장 안을 엿보다』 등.

문태준
1970년 경북 김천 출생. 1994년 『문예중앙』으로 등단.
시집으로 『수런거리는 뒤란』 『맨발』 등.
동서문학상, 노작문학상, 미당문학상 등 수상.

기형도
1960년 경기도 연평 출생. 1985년 《동아일보》 신춘문예로 등단.
시집으로 『입 속의 검은 잎』, 추모문집 『사랑을 잃고 나는 쓰네』 『기형도 전집』 등. 1989년 작고.

양문규

1960년 충북 영동 출생. 1989년 『한국문학』으로 등단.
시집으로 『벙어리 연가』 『영국사에는 범종이 없다』 『집으로 가는 길』 등.

이정록

1964년 충남 홍성 출생. 1993년 《동아일보》 신춘문예로 등단.
시집으로 『벌레의 집은 아늑하다』 『풋사과의 주름살』 『버드나무 껍질에 세들고 싶다』 『제비꽃 여인숙』 등.
김수영문학상, 김달진문학상 수상.

김사인

1956년 충북 보은 출생. 1981년 『시와경제』와 1982년 『한국문학의 현단계』로 등단. 시집으로 『밤에 쓰는 편지』 등.
현대문학상 수상. 현재, 동덕여대 인문학부 교수.

송수권

1940년 전남 고흥 출생. 1975년 『문학사상』으로 등단.
시집으로 『산문에 기대어』 『꿈꾸는 섬』 『아도』 『우리나라 풀 이름 외기』 『언 땅에 조선매화 한 그루 심고』 등. 소월시문학상 수상. 2016년 작고.

채호기

1957년 대구 출생. 1988년 『창작과비평』으로 등단.
시집으로 『지독한 사랑』『슬픈 게이』『밤의 공중전화』『수련』 등.
김수영문학상 수상. 현재, 문학과지성사 대표.

양애경

1956년 서울 출생. 1982년 《중앙일보》 신춘문예로 등단.
시집으로 『불이 있는 몇 개의 풍경』『바닥이 나를 받아 주네』 등.
현재, 공주영상대 교수.

정윤천

1960년 전남 화순 출생.
1990년 광주 《무등일보》 신춘문예와 『실천문학』으로 등단.
시집으로 『생각만 들어도 따숩던 마을의 이름』『흰 길이 떠올랐다』 등.

정철훈

1959년 광주 출생. 1997년 『창작과비평』으로 등단.
시집으로 『살고 싶은 아침』『내 졸음에도 사랑은 떠도느냐』『개 같은 신념』 등.
현재, 《국민일보》 문화 전문 기자.

이승철

1958년 전남 함평 출생. 1983년 시 전문 무크『민의』로 등단.

시집으로『세월아 삶아』『총알택시 안에서의 명상』등.
현재, 한국문학평화포럼 사무국장.

신대철
1945년 충남 홍성 출생. 1968년《조선일보》신춘문예로 등단.
시집으로『무인도를 위하여』『누구인지 몰라도 그대를 사랑한다』등.
백석문학상 등 수상. 현재, 국민대 국문과 교수.

손택수
1970년 전남 담양 출생. 1998년《한국일보》신춘문예로 등단.
시집으로『호랑이 발자국』등.
현대시동인상, 신동엽창작상 수상.

이창수
1970년 전남 보성 출생. 2000년『시안』으로 등단.
시집으로『물오리 사냥』등.
2004년 대산창작지원금 수혜. 현재, 광주대·중앙대 강사.

김광규
1941년 서울 출생. 1975년『문학과지성』으로 등단.
시집으로『아니다 그렇지 않다』『크낙산의 마음』『좀팽이처럼』『물길』등.
대산문학상, 오늘의작가상, 김수영문학상 등 수상.

김수영

1921년 서울 출생. 1945년 『예술부락』으로 등단.
시집으로 『새로운 도시와 시민들의 합창』『달나라의 장난』『김수영 전집 1, 2』등. 한국시인협회상 수상. 1968년 작고.

복효근

1962년 전북 남원 출생. 1991년 『시와시학』으로 등단.
시집으로 『당신이 슬플 때 나는 사랑한다』『버마재비 사랑』『누우 떼가 강을 건너는 법』등. 편운문학상, 시와시학상, 젊은시인상 수상.

이가림

1943년 만주 출생. 1966년 《동아일보》 신춘문예로 등단.
시집으로 『빙하기』『유리창에 이마를 대고』『순간의 거울』등.
정지용문학상, 편운문학상 수상.

박영근

1958년 부안 출생. 1981년 『반시』 동인지로 등단.
시집으로 『취업 공고판 앞에서』『김미순전』『지금도 그 별은 눈뜨는가』등.
신동엽창작상, 백석문학상 수상.

김진경

1953년 충남 당진 출생. 1974년 『한국문학』으로 등단.
시집으로 『갈문리의 아이들』 『별빛 속에서 잠자다』 『슬픔의 힘』 『지구의 시간』 등.
시와시학상 수상. 〈5월시〉 동인.

최승호

1954년 강원도 춘천 출생. 1977년 『현대시학』으로 등단.
시집으로 『대설주의보』 『반딧불 보호구역』 『진흙소를 타고』 등.
오늘의 작가상, 김수영문학상, 이산문학상, 대산문학상 수상.

손정순

1970년 경북 청도 출생. 2001년 『문학사상』으로 등단.
대표작으로 「개심사 거울못」 「당신에게 가는 길」 등.
현재, 작가출판사 대표.

이원규

1962년 경북 문경 출생. 1989년 『실천문학』으로 등단.
시집으로 『돌아보면 그가 있다』 『옛 애인의 집』 등.
현재, 생명평화탁발순례단 팀장.

김화순

1957년 서울 출생.

2004년 『시와정신』으로 등단.

조기조

1965년 충남 서천 출생.

1994년 『실천문학』으로 등단.

시집으로 『낡은 기계』 『기름 미인』 등.

고증식

1959년 강원도 횡성 출생. 1994년 『한민족문학』으로 등단.

시집으로 『환한 저녁』 『단절』 등.

임영조

1943년 충남 보령 출생. 1971년 《중앙일보》 신춘문예로 등단.
시집으로 『바람이 남긴 은어』 『그림자를 지우며』 『귀로 웃는 집』 『지도에 없는 섬 하나를 안다』 등. 서라벌문학상, 현대문학상, 소월시문학상 수상.
2003년 작고.

천상병

1930년 일본 히메지시 출생. 1952년 『문예』지로 등단.
시집으로 『천상병은 천상 시인이다』 『저승가는 데도 여비가 든다면』 『괜찮다 괜찮다 다 괜찮다』『새』 등. 1993년 작고, 유고 시집으로『나 하늘로 돌아가네』.

고 영

1966년 경기도 안양 출생. 2003년『현대시』로 등단.

시집으로『산복도로에 쪽배가 떴다』등.

우대식

1965년 강원도 원주 출생. 1999년『현대시학』으로 등단.

시집으로『늙은 의자에 앉아 바다를 보다』등.

전기철

1954년 전남 장흥 출생. 1988년『심상』으로 등단.

시집으로『나비의 침묵』『풍경의 위독』등.

현재, 숭의여대 문창과 교수.

이 안

1967년 충북 제천 출생.

1999년『실천문학』으로 등단.

시집으로『목마른 우물의 날들』등.

주용일

1964년 충북 영동 출생. 1994년 『현대문학』으로 등단.
시집으로 『문자들의 다비식은 따듯하다』 등.

박 찬

1948년 전북 정읍 출생. 1983년 월간 『시문학』으로 등단.
시집으로 『수도곶 이야기』 『그리운 잠』 『화염길』 등.

전동균

1962년 경주 출생. 1986년 『소설문학』으로 등단.
시집으로 『오래 비어 있는 길』 『함허동천에서 서성이다』 등.

박지웅

1969년 부산 출생.
2004년 『시와사상』으로 등단.

이영옥

1960년 경북 경주 출생. 2002년 《경남신문》 신춘문예로 등단.
2004년 계간 『시작』 신인상 수상.

이재무

1958년 충남 부여 출생. 1983년 『삶의문학』으로 등단.

시집으로 『섣달 그믐』 『몸에 피는 꽃』 『위대한 식사』 『푸른 고집』 등.
난고문학상, 편운문학상 수상. 현재, (주)천년의시작 대표.

사람들 사이에 꽃이 핀다면

초판 1쇄 발행 2005년 11월 9일
초판 2쇄 발행 2007년 4월 2일
초판 3쇄 발행 2009년 3월 20일
개정판 1쇄 발행 2022년 7월 26일

지은이 이재무
펴낸이 이재무
기획위원 김춘식, 유성호, 이형권, 임지연, 홍용희
책임편집 박찬세
디자인 이라희

펴낸곳 (주)천년의시작
등록번호 제301-2012-033호
등록일자 2006년 1월 10일
주소 (03132) 서울시 종로구 삼일대로32길 36 운현신화타워 502호
전화 02-723-8668
팩스 02-723-8630
홈페이지 www.poempoem.com
이메일 poemsijak@hanmail.net

이재무ⓒ, 2005, printed in Seoul, Korea

ISBN 978-89-6021-646-4 03810

값 13,000원

*이 책 내용의 전부 또는 일부를 재사용하려면 반드시 저작권자와 (주)천년의시작 양측의 동의를 받아야 합니다.
*잘못된 책은 바꾸어 드립니다.
*지은이와 협의에 의해 인지는 생략합니다.